Mensch und Raum, eine glückliche Beziehung?

Bettina Purkarthofer · Barbara Friehs

Mensch und Raum, eine glückliche Beziehung?

Wohnpsychologie als Planungsgrundlage für Humanes Bauen

Bettina Purkarthofer
purkarthofer+co marketingservices og
Graz, Österreich

Barbara Friehs
Graz, Österreich

ISBN 978-3-658-37878-3   ISBN 978-3-658-37879-0   (eBook)
https://doi.org/10.1007/978-3-658-37879-0

Die Deutsche Nationalbibliothek verzeichnet diese Publikation in der Deutschen Nationalbibliografie; detaillierte bibliografische Daten sind im Internet über http://dnb.d-nb.de abrufbar.

© Der/die Herausgeber bzw. der/die Autor(en), exklusiv lizenziert an Springer Fachmedien Wiesbaden GmbH, ein Teil von Springer Nature 2022
Das Werk einschließlich aller seiner Teile ist urheberrechtlich geschützt. Jede Verwertung, die nicht ausdrücklich vom Urheberrechtsgesetz zugelassen ist, bedarf der vorherigen Zustimmung des Verlags. Das gilt insbesondere für Vervielfältigungen, Bearbeitungen, Übersetzungen, Mikroverfilmungen und die Einspeicherung und Verarbeitung in elektronischen Systemen.
Die Wiedergabe von allgemein beschreibenden Bezeichnungen, Marken, Unternehmensnamen etc. in diesem Werk bedeutet nicht, dass diese frei durch jedermann benutzt werden dürfen. Die Berechtigung zur Benutzung unterliegt, auch ohne gesonderten Hinweis hierzu, den Regeln des Markenrechts. Die Rechte des jeweiligen Zeicheninhabers sind zu beachten.
Der Verlag, die Autoren und die Herausgeber gehen davon aus, dass die Angaben und Informationen in diesem Werk zum Zeitpunkt der Veröffentlichung vollständig und korrekt sind. Weder der Verlag, noch die Autoren oder die Herausgeber übernehmen, ausdrücklich oder implizit, Gewähr für den Inhalt des Werkes, etwaige Fehler oder Äußerungen. Der Verlag bleibt im Hinblick auf geografische Zuordnungen und Gebietsbezeichnungen in veröffentlichten Karten und Institutsadressen neutral.

Planung/Lektorat: Eva Brechtel-Wahl
Springer ist ein Imprint der eingetragenen Gesellschaft Springer Fachmedien Wiesbaden GmbH und ist ein Teil von Springer Nature.
Die Anschrift der Gesellschaft ist: Abraham-Lincoln-Str. 46, 65189 Wiesbaden, Germany

Genderhinweis: Aus Gründen der besseren Lesbarkeit wird auf eine geschlechtsneutrale Differenzierung verzichtet. Entsprechende Begriffe gelten im Sinne der Gleichbehandlung grundsätzlich für beide Geschlechter. Die verkürzte Sprachform beinhaltet keine Wertung.

Inhaltsverzeichnis

1 Einleitung 1
2 Grundlagen und Zielsetzungen der Wohn- und
  Architekturpsychologie 5
3 Begriffsbestimmung 9
  3.1 Lebensqualität 9
  3.2 Wohlbefinden 11
  3.3 Wohnen – Wohnung/Wohnumfeld – Zuhause 14
  3.4 Wohnqualität 17
  3.5 (Wohn)Zufriedenheit 21
4 Mensch-Umwelt-Beziehungen 25
  4.1 Räumliche Orientierung 28
  4.2 Umweltwahrnehmung 29
  4.3 Emotionale Reaktionen und ästhetischer Eindruck 30
    4.3.1 Formale und Symbolische Ästhetik 30
    4.3.2 Ein besonderer Stellenwert; Natur in gebauten
          Umwelten 33
  4.4 Räumliches Verhalten; Personal Space & Territorialität . 35
  4.5 Privatheit 36
    4.5.1 Zonierungen 37
  4.6 Umweltkontrolle und Umweltaneignung 39
  4.7 Ortbindung und –identität 40
  4.8 Stress oder, wenn Wohnen zur Belastung wird 42
    4.8.1 Reaktionen auf Umweltstress 43
    4.8.2 Stressoren im Wohnumfeld 43

		4.8.3	Stress durch Unsicherheitsgefühle	46
		4.8.4	Visueller Stress	48

5 Wohnbedürfnisse ... 49
5.1 Bedürfnisdefinition nach Maslow (1987) ... 49
5.2 Lebensraumbezogene Bedürfnisse ... 51
    5.2.1 Sicherheits- und Schutzbedürfnisse ... 55
    5.2.2 Kontakt- und Interaktionsbedürfnisse ... 56
    5.2.3 Bedürfnis nach Selbstbestimmung, Regulation und Kontrolle ... 59
    5.2.4 Aktivitäts-Passivitäts-Bedürfnis ... 62
    5.2.5 Entwicklungs- und Entfaltungsbedürfnisse ... 62
    5.2.6 Kongruenzbedürfnisse ... 63
    5.2.7 Geborgenheit und Behaglichkeit ... 63
5.3 Wohnen in unterschiedlichen Lebensphasen - Kinder und Senioren im Blickpunkt der Wohnraumplanung ... 65
5.4 Wohnbedürfnisse - eine ergänzende Zusammenfassung ... 66

6 „Wohnen" – eine systemische Betrachtung ... 69

7 Fazit ... 73

8 Homeoffice – Segen oder Belastung? ... 77
8.1 Voraussetzungen für das effiziente Arbeiten zu Hause ... 78
    8.1.1 Gebäude-Softskills, die „weichen" Gebäudefaktoren im Blickpunkt ... 78
    8.1.2 Physische und psychische Trennung von Beruf und Privatleben, Arbeits- und Freizeitbereich ... 79
    8.1.3 Analyse der individuellen Homeoffice-Anforderungen ... 81
8.2 So gelingt das „Hoffice" in der Praxis ... 82
    8.2.1 Der Arbeitsplatz, Ergonomie und Ausstattung ... 82
    8.2.2 Konzentration, Motivation & Regeneration durch die richtige Homeoffice-Atmosphäre ... 87

Literatur ... 95

Einleitung 1

Die Großstädte in Deutschland und Österreich verweisen als Ballungszentren auf einen stark gestiegenen Bevölkerungszuwachs. Die Bau- und Immobilienbranche boomt. Allerorts entstehen neue Stadtviertel und Wohnquartiere mit mehrgeschossigen Wohnbauten. Der deutsche Wohnungsmarkt erfreut sich großer Nachfrage und auch in Österreich wird in den nächsten Jahren ein rasanter Zuwachs an Haushalten prognostiziert, was den Bedarf an Wohnfläche in Zukunft noch weiter steigen lassen wird.

Ursachen für die stark wachsende Nachfrage nach Wohnraum sind in den Veränderungen unserer Gesellschaften zu suchen, die mit neuen Anforderungen an die Wohnsituation einhergehen. Seit 2007 leben erstmals mehr Menschen in Städten als in ländlichen Regionen, wobei sich diese Zahl in Zukunft noch weiter erhöhen wird: „Laut Schätzungen der Vereinten Nationen könnten im Jahr 2030 (…) 60 % der gesamten Weltbevölkerung in den Städten dieser Erde leben. Dies betrifft Industrienationen genauso wie Entwicklungsländer" (ImmoKurier, 2019: 36). Wie sich allerdings die Lage nach Corona darstellen wird, bleibt noch abzuwarten, hat doch die Zeit deLockdowns dem Wohnen im Grünen eine neue Qualität verliehen.

So beweist unter anderem auch die im Auftrag von Raiffeisen Immobilien durchgeführte Gallup-Studie, dass die Corona-Krise durchaus die Wohnwünsche der Österreicher verändert. „Mehr Platz, ein Garten zum Entspannen und die Natur vor der Haustüre" bringen die aktuellen Wohnwünsche auf den Punkt: So sind drei Viertel der Österreicher der Meinung, dass während der Krise das Leben im ländlichen Raum ein besseres sei. Eine Bewertung die analog zur Größe des eigenen Wohnortes verläuft. In Orten mit bis zu 5000 Einwohnern sind 93 % der Befragten von den Vorteilen des Landlebens überzeugt, in Wien sind es hingegen nur mehr 55 %. Von jenen Städtern, die dem Landleben in der Krise den Vorzug geben würden, überlegen 33 % tatsächlich aufs Land zu ziehen, bereits ganz konkrete Umzugspläne hegen neun Prozent (Gallup Institut online, 2020). Eine im deutschen Handelsblatt veröffentlichte repräsentative Forsa-Umfrage unter 1020 Mietern wie auch Haus- und Wohnungseigentümern – zwischen 18 und 65 Jahren – zeigt, dass die Attraktivität der sogenannten „Schwarmstädte" (Städte mit einer Nettozuwanderung junger Menschen) im Sinken begriffen ist. 27 % der Befragten würden am liebsten auf dem Land wohnen, vorzugsweise in einem Dorf mit weniger als 5000 Einwohnern. Lediglich 23 % der Befragten bevorzugen als Wohnort nach wie vor eine Großstadt mit mehr als 500.000 Einwohnern (Handelsblatt online, 2021).

Generell haben Studenten, Alleinerzieher, Kleinstfamilien, junge Paare, alleinstehende Senioren und Großfamilien höchst unterschiedliche Vorstellungen respektive Anforderungen an Wohnungsumfeld und Wohnkomfort. Neben Haushaltsgröße, Alter, Einkommen, Geschlecht, Beruf, Vorlieben, Interessen, Freizeitverhalten und Kommunikationswunsch spielen bei der Wohnungswahl Mobilitätsanforderungen im Alltag, die fortschreitende technologische Entwicklung und die Digitalisierung eine entscheidende Rolle (Flade, 2008: 20). Begriffe wie „Smart Homes" und „Smart Living" haben längst Einzug ins Immobilienwesen gehalten. Die Digitalisierung in den eigenen vier Wänden reicht, beginnend bei der digitalen Steuerung von Licht, Heizung und Energie über die Vernetzung via Mobiltelefon oder Sprachassistenz bis hin zu smarten Bauteilen wie integrierten Lüftungssystemen und intelligenten Fenstern. All diese Komponenten wirken sich auch maßgeblich auf die Erscheinungsform der Immobilien aus, prägen doch seit jeher gesellschaftliche Entwicklungen Optik und Funktionalität von Gebäuden, in denen sich in Folge auch Zeitgeist und Trends widerspiegeln (Flade, 2008).

Aufgrund der Entwicklung zu einer vielschichtigeren Gesellschaft und der durch eine verstärkte Zuwanderung differenzierteren Lebensstile werden auch die Anforderungen ans Wohnen zunehmend komplexer. Gefragt sind heute Wohnformen, die der individuellen Lebenssituation entsprechen, sich flexibel an verändernde Lebensstile anpassen lassen und den differenzierten Wohnvorstellungen ihrer Nutzer entsprechen (Immobilienreport, 2016).

Christian Kühn, Studiendekan für Architektur an der TU Wien, geht davon aus, dass sich im Laufe der nächsten 30 Jahre die Gesellschaft noch viel stärker verändern wird, als in den letzten Jahrzehnten und, dass schon allein aus dieser Sicht, auch die Architektur eine gute Anpassungsfähigkeit beweisen müsse: „Wir brauchen Gebäude, die eine ähnlich hohe Flexibilität wie die Gründerzeithäuser

1 Einleitung

haben, einen soliden Rahmen, in dem sich die soziale Entwicklung einer Gesellschaft dann durch Um- und Weiterbau ausdrücken kann" (ImmoKurier 16.3.2019, 13).

Unterschiedliche Vorstellungen von Architektur, Design, Privatheit und Gemeinschaft fordern innovative Projekte. Zudem lassen demographische Entwicklungen vor allem westliche Gesellschaften altern. In vielen deutschen und österreichischen Regionen ist der Anteil an Kindern und Jugendlichen stark gesunken, während die Anzahl der über 65-jährigen immer stärker zunimmt (Statistik Deutschland, 2021; Statistik Austria, 2021). Auch der Anteil der Alleinlebenden an der Bevölkerung in Privathaushalten stieg im Zeitraum 1988 bis 2018 von zehn auf 17 %, Tendenz steigend (Statistik Austria 2019), womit sich auch Singlewohnungen immer größerer Nachfrage erfreuen. Das Resultat: die Wohnungen werden immer kleiner, gleichzeitig aber teurer. Diese Entwicklung lässt sich weltweit beobachten. Wie das deutsche Zukunftsinstitut zu berichten weiß, wurden beispielsweise in New York City die Vorgaben für die Mindestgröße einer Wohnung, die bis dahin mit umgerechnet rund 37 Quadratmetern festgelegt war, auf 20,4 Quadratmeter reduziert (Zukunftsinstitut, 2013). Im italienischen Bozen muss eine Wohnung immerhin noch mindestens 28 Quadratmeter aufweisen. In Wien liegt die Mindestgröße einer Wohnung auch nach der neuen Wiener Bauordnung bei 30 Quadratmetern (Mietervereinigung online, 21.11.2018). Der restliche deutschsprachige Raum – etwa auch Städte wie Zürich, München oder Hamburg – sieht bislang (noch) keine Vorgaben zur Mindestgröße einer Wohnung vor. In Hongkong ist das Leben auf nur 15 Quadratmetern keine Seltenheit, allerdings wird in solchen Fällen auf großzügige Freiflächen, Gemeinschaftsräume und gut durchdachte Grundrisse geachtet (Standard online, 2018). Eine unter Architekten und Bauträgern durchgeführte Studie zum Thema „Wohnqualität im mehrgeschossigen „Wohnbau" belegt, dass auch im deutschsprachigen Raum neben der Anforderung an kleine, aber umso intelligentere Grundrisse der Bedarf an privaten Frei- und Gemeinschaftsräumen, Großküchen, Party-, Fitnessräumen und Gästewohnungen zur Kompensation der geringere Privatflächen zunehmend Bedeutung für das „Gemeinschaftsleben" bekommt, diese Flächen jedoch managt gehören (Purkarthofer, 2019).

Je stressiger die Zeit und je schwieriger die Wirtschaftslage, desto mehr treibt es die Menschen zurück an jenen Ort, an dem die Welt noch in Ordnung ist, in das eigene Zuhause. Der Rückzug aus dem hektischen Alltag, um zu sich selbst zu finden und zur Ruhe zu kommen, ist ein essentielles Bedürfnis des globalisierten Menschen. Wir alle sehnen uns nach geborgener Privatheit und gleichzeitiger Offenheit. Die Möglichkeit, durch die kreative Erfahrung des Selbstausdrucks die innere und äußere Welt kongruent zu gestalten, unterstützt dabei, den privaten Raum in eine sinnerfüllte und selbststärkende Atmosphäre zu verwandeln.

2 Grundlagen und Zielsetzungen der Wohn- und Architekturpsychologie

Schon die amerikanische Umweltpsychologin Susan Camille Saegert schrieb in den 1980er Jahren, dass Wohnen die intimste Beziehung sei, die wir Menschen mit unserer Umwelt eingehen (Psychologie Heute, 2021, 66).Wir nehmen jeden Raum, den wir betreten – sei es in der Natur oder in gebauten Umwelten – mit all unseren Sinnen wahr – meist, ohne dass es uns bewusst ist. Wir empfinden, wie hell oder dunkel der Raum ist, wie er riecht, wie er sich anfühlt, wie er klingt… Jeder Raum verfügt über eigene Qualitäten. So können Räume anziehend wirken, Geborgenheit und Sicherheit vermitteln, die Kommunikation und das Zusammenleben fördern und sogar Heilungsprozesse unterstützen. Andererseits gibt es aber auch Räume, die bereits beim Betreten Stress auslösen, Konzentration und Kommunikation und damit das Zusammenleben/-arbeiten erschweren, das Wohlbefinden und im schlimmsten Fall sogar die Gesundheit nachhaltig beeinträchtigen. Räume lösen spontane Gefühle des Gefallens oder Nichtgefallens – der Zu- oder Abwendung aus. Was aber sind hierfür die Auslöser? Sind Baumaterialien und ästhetische Faktoren ausschlaggebend oder gibt es noch weitere Komponenten, die in unserem Unterbewusstsein über Wohlgefühl oder Unbehagen entscheiden? Antworten darauf bietet die Wohn- und Architekturpsychologie.

Flade definiert Architektur als „Kunst und Fertigkeit des planvollen Entwurfs und Herstellens von den Menschen dienenden Räumlichkeiten. Kunst im Zusammenhang mit Architektur steht hier für eine ästhetisch ansprechende Gestaltung, Fertigung und Funktionalität". Psychologie hingegen beschäftigt sich mit der „Erforschung des Erlebens und Verhaltens des Menschen" (Flade, 2008: 13 f.). Das Ziel der Architekturpsychologie liegt für Flade in der Einbeziehung psychologischer Erkenntnisse in die Gestaltung optimaler Umwelten und der Vermeidung, respektive Beseitigung ungünstiger Umweltbedingungen (ebda).

Die Wohnpsychologie ist integraler Teil der Architekturpsychologie und erforscht menschliche Interaktionsmuster mit der umbauten Umwelt. Sie definiert „die Lehre vom Erleben und Verhalten des Menschen in gebauter Umwelt" (Bär, 2000: 18) und betrachtet aus der Perspektive der Architekturpsychologie die Zusammenhänge des Wohnens.

Gemäß Walden (1995) befasst sich die Wohnpsychologie mit den Auswirkungen der Wohnumwelt auf den Menschen sowie mit den Aspekten der Zufriedenheit von Wohnungsnutzern. Zudem analysiert sie die Variablen, nach denen Menschen ihre Wohnung und ihr Wohnumfeld auswählen, verändern und sich an äußere Voraussetzungen anpassen.

Unterschieden werden drei Umwelten, die natürliche, die soziale und die kulturelle Umwelt (Flade, 2008, et al). Zur natürlichen Umwelt zählen Luft, Licht, Klima, Wetter, geografische Lage und Landschaft, Boden und Vegetation. Die soziale Umwelt wird durch zwischenmenschliche Beziehungen und Interaktionen geprägt. Materielle Dinge und Symbole wie Staaten, Städte und Gebäude (gebaute Umwelten), Sprachen, Schriften, Gesetze, Ordnungssysteme und Bücher, Religionen, Normen u. v. m. beschreiben die kulturelle Umwelt. Menschen leben in gebauten Umwelten, die im Vergleich zu natürlichen Umwelten immer Produkte menschlichen Handelns sind (Flade, 2008). Gegenstand der Architekturpsychologie wird die Natur dann, wenn es darum geht, ihren Einfluss auf den Menschen zu hinterfragen. Dann wird erkundet, wie sich z. B. Bäume in gebauten Umwelten auf das Wohlbefinden des Menschen auswirken (Faber Tylor et al., 1998).

Während sich also die Wohnpsychologie in erster Linie mit den Wohnräumen und ihren Bewohnern auseinandersetzt, liegt das Augenmerk der Architekturpsychologie neben der räumlichen Qualität von Wohn- auch auf jener von Arbeitsräumen, Kindergärten und Schulen, Krankenhäusern, Seniorenheimen, öffentlichen Plätzen, Tiefgaragen u. v. m.

In der Wohn- und Architekturpsychologie verbinden sich – basierend auf objektiven Studien und Forschungsergebnissen – die Erkenntnisse der Psychologie (Sozial, Entwicklungs-, Wahrnehmungs- bzw. Neuropsychologie) mit dem Wissen technischer und planender Fachgebiete wie der Architektur, der Innenraumgestaltung, dem Städtebau und der Raumplanung (IWAP, 2017). Die Wohnpsychologie weist somit hinsichtlich der Planung und Gestaltung von Wohnungen, Gebäuden und Anlagen eine hohe planerische Relevanz auf (Deinsberger-Deinsweger, 2016).

Für Linke gehören Wohnen und Psychologie untrennbar zusammen. Das Ziel der Wohnpsychologie sieht er im „Wohlgefühl". Dabei geht es nie um eine Beurteilung, sondern vielmehr um eine Deutung (Linke, 2010: 13). Reichl beschreibt

2 Grundlagen und Zielsetzungen der Wohn- und Architekturpsychologie

die Architekturpsychologie als Teil der Umweltpsychologie, die sich mit der Interaktion des Menschen mit der gebauten Umwelt beschäftigt. Auch er verortet die Wohnpsychologie als Teil der Architekturpsychologie. Sie dient gleichsam der Vernetzung der psychologischen mit der räumlichen Ebene des Wohnens, die auf diese Weise Bewertungsgrundlagen für die Wohnqualität bietet. Aus seiner Sicht verlangen die „Psychologie des Wohnens" und die „Pragmatik des Bauens" sehr unterschiedliche Denkweisen. Für die Qualität der gebauten Umwelten sind für Reichl beide Disziplinen nötig (Reichl, 2014: 13 ff.).

Für Deinsberger geht es in der Wohnpsychologie „nicht bloß um ein paar Wohlfühlthemen, sondern um die menschliche Existenz insgesamt". So geht es um unsere kognitive, emotionale und soziale Entwicklung, um die Entfaltungsmöglichkeiten und Reifungsprozesse in jedem Alter, die vom unmittelbaren Lebensraum beeinflusst werden. Es geht um die vielfältigen Sinnesreize, die permanent aus der Wohnumwelt auf uns einwirken und – ohne, dass es uns oftmals bewusst wäre – unser gesamtes Nervensystem und Gehirn und damit unsere Gefühle, unser Verhalten und Wohlbefinden beeinflussen und nicht zuletzt zum Gelingen von Kommunikation und Beziehungen in Familie, Partnerschaft und Nachbarschaft beitragen... In der Praxis münden diese Fakten für Deinsberger-Deinsweger in der Frage nach den konkreten Möglichkeiten, die Wohnqualität zu erhöhen und konkrete und wirksame Empfehlungen zu formulieren. „Spekulative Hypothesen bleiben dabei unberücksichtigt, solange es nicht gelingt, deren Gültigkeit (theoretisch oder empirisch) zu bestätigen" (Deinsberger-Deinsweger, 2016: 9 ff.).

Erklärtes Ziel der Wohnpsychologie als „transdisziplinärer Wissenschaft" ist für Deinsberger-Deinsweger, den gebauten Raum menschenfreundlich zu gestalten. Als transdisziplinäre Wissenschaft gilt die Wohnpsychologie, da sie einerseits verschiedene Aspekte unterschiedlichster Fachgebiete zu einem Gesamtbild vereint und andererseits ihren Hauptzweck darin sieht, wichtigen, lebensnahen Themen nachzugehen, die in anderen Teildisziplinen nicht vollständig erfasst werden. Die Wohn- und Architekturpsychologie bietet somit eine wissenschaftlich fundierte Basis für die Analyse, Gestaltung und Planung von menschlichen Lebensräumen und dient neben der Erhöhung der Lebensqualität in gebauten Umwelten auch der humanen Nachhaltigkeit von Wohnbaustrukturen. Denn je höher die „menschengerechte" Qualität von Gebäuden, desto länger ist auch deren Lebenszyklus (ebda).

Begriffsbestimmung 3

3.1 Lebensqualität

In den Anfängen der Forschungen zum Thema Lebensqualität wurden den Untersuchungen vor allem sozialwissenschaftliche Wohlfahrts- und Sozialindikatoren zugrunde gelegt, wobei Lebensqualität als ein allgemeines Maß der Entsprechung und Übereinstimmung von objektiven Lebensbedingungen und deren subjektiver Einschätzung von Wohlbefinden und Lebenszufriedenheit gesehen wurde (Schumacher et al., 2003). Das Hauptaugenmerk lag auf sozialen und ökonomischen Faktoren der Lebensqualität. Herangezogen wurden primär Einkommensverhältnisse, materielle und rechtliche Sicherheit, politische Freiheit und Unabhängigkeit, soziale Gerechtigkeit und gesundheitliche Versorgung. Erst seit den letzten beiden Jahrzehnten des 20. Jahrhunderts ging man dazu über, die Lebensqualität als individuenbezogenes Konstrukt anzusehen und oftmals auch subjektive Indikatoren wie die individuelle Bewertung von Wohlbefinden und Lebenszufriedenheit miteinzubeziehen[1].

---

[1] Die Messung der Lebensqualität ist häufig mit Problemen verbunden. Oftmals werden nur objektive soziale Indikatoren erhoben und subjektive Einschätzungen vernachlässigt, was zu einem großen „Dunkelfeld" in der ganzheitlichen Betrachtung der Lebensqualität führt. Auch die genaue Definition und Festlegung von objektiven Indikatoren ist häufig schwierig und mit Bewertungsproblemen verbunden. Trotzdem wird für eine Messung der Lebensqualität plädiert, denn auch wenn absolut genaue Aussagen oftmals ausbleiben, sind Erhebungen über objektive und subjektive Faktoren hilfreich, um vorherrschende Unsicherheiten und Dunkelfelder zu vermindern. Zusätzlich würde bei einer kompletten Ablehnung der Messbarkeit von Lebensqualität das Risiko steigen, dass gänzlich „beliebige Behauptungen über das Niveau und die Veränderung der Lebensqualität aufgestellt werden könnten" (Glatzer, 1992: 54).

© Der/die Autor(en), exklusiv lizenziert an Springer Fachmedien Wiesbaden GmbH, ein Teil von Springer Nature 2022
B. Purkarthofer und B. Friehs, *Mensch und Raum, eine glückliche Beziehung?*,
https://doi.org/10.1007/978-3-658-37879-0_3

Die World Health Organization (WHO) definiert Lebensqualität „as individuals perception of their position in life in the context of the culture and value systems in which they live and in relation to their goals, expectations, standards and concerns. It is a broad ranging concept affected in a complex way by the person's physical health, psychological state, level of independence, social relationships, personal beliefs and their relationship to salient features of their environment" (WHO, 1996).

Für Korczak ist Lebensqualität die Erkenntnis eigener Bedürfnisse und deren Befriedigung in einer „humanen Welt mit unbelasteter Umwelt" (Korczak, 1995: 14). Sie ist nur dann gegeben, wenn diese Bedürfnisse ausreichend befriedigt sind. Zu diesen zählen neben der Möglichkeit, seinen Hunger und Durst zu stillen, soziale Beziehungen pflegen zu können, das Privileg, unter guten Umweltbedingungen mit reiner Luft, sauberem Wasser und intaktem Boden zu leben, eine friedliche Umgebung ohne Krieg und Zerstörung vorzufinden, sowie Chancen- und Bildungsgleichheit zu erfahren. Dabei wird zwischen einer subjektiven und einer objektiven Dimension der Lebensqualität unterschieden, die in einer engen Beziehung zueinander stehen. Die subjektive Dimension umfasst die Befriedigung der erwähnten Grundbedürfnisse einer Person und führt dadurch zu deren Zufriedenheit und Wohlbefinden. Ohne das Vorhandensein von objektiv guten Lebensbedingungen kann jedoch keine optimale subjektive Lebensqualität entstehen. Korczak definiert in diesem Zusammenhang neun Bereiche der objektiven Dimension der Lebensqualität: Umweltbedingungen, Wohlstandssituation, Kulturangebot, Sicherheitslage, Versorgungssituation, Gesundheitsverfassung, Freizeitangebot, Ernährungssituation und Freiheits- und Gleichheitsbedingungen. Alle diese Bereiche sollten soweit vorhanden sein, dass sie einen positiven Einfluss auf die Befriedigung unserer grundlegenden Bedürfnisse ausüben können (Korczak, 1995).

Auch laut OECD (1976, zit. n. Glatzer, 1996) ist Lebensqualität als mehrdimensionales Konstrukt zu verstehen, welches durch verschiedene Lebensbereiche wie Arbeitsbedingungen, Wohnverhältnisse, Gesundheit, Bildung, Umwelt und soziale Beziehungen bedingt ist. Lebensqualität wird ungefähr im gleichen Ausmaß sowohl von internen Faktoren wie unseren Bedürfnissen, Einstellungen oder Verhalten als auch von externen Lebensbedingungen beeinflusst. Dabei zeigt sich, dass die Lebensqualität nur bis zu einem gewissen Anteil durch objektive Sozial-, Wirtschafts- oder Umweltaspekte erklärbar ist und ein entscheidender Teil der Lebensqualität von der Befriedigung unserer Bedürfnisse und Erwartungen abhängt. Um sowohl den psychischen Faktoren, als auch den externen Lebensbedingungen und Einflussfaktoren gerecht zu werden zu können, empfiehlt Maderthaner (1998) etwa statt „Lebensqualität" eher Begriffe wie „Lebenszufriedenheit" und „Lebensbedingungen" zu verwenden.

Seifert definiert Lebensqualität als ein „multidimensionales Konstrukt, das die subjektive Bewertung seelischen, körperlichen und sozialen Erlebens auf einem definierten Gebiet umschließt" (Seifert, 1992: 2 f.). Er hebt dabei die subjektive Selbstbewertung im Gegensatz zur lange dominierenden äußeren Fremdbeurteilung hervor. Auch hier wird wieder eine Kombination von mehreren Faktoren betont und neben psychischem Befinden und körperlicher Verfassung auch die soziale Integration und funktionelle Kompetenz eines Menschen berücksichtigt.

Schumacher et al. (2003) erläutern, dass das Konstrukt der Lebensqualität in der Vergangenheit vorwiegend im Rahmen von sozialwissenschaftlichen und medizinischen Forschungen entwickelt und angewendet wurde, während das Konzept des Wohlbefindens ursprünglich dem psychologischen Umfeld entspringt. In der Lebensqualitätsforschung fand sich zwar auch oftmals der Begriff des Wohlbefindens wieder, während die Psychologie beim Thema Wohlbefinden die Lebensqualität meist aussparte und erst in jüngerer Zeit eine immer größer werdende Integration der beiden Konzepte anstrebt.

3.2 Wohlbefinden

Schumacher et al. (2003) betonen die häufig vorkommende synonyme Verwendung von Lebensqualität und Wohlbefinden und weisen darauf hin, dass eine exakte Abgrenzung zwischen beiden Begriffen nur sehr schwer zu erreichen ist. Maderthaner (1998) beschreibt Wohlbefinden als einen Oberbegriff für mehrere positive Befindlichkeitszustände des Menschen, wie Freude, Glück und Zufriedenheit. Um zwischen diesen Zuständen differenzieren zu können, gibt es fünf unterschiedliche Aspekte, denen diesbezüglich eine große Bedeutung zukommt. Befindenshäufigkeit bezeichnet die Dauerhaftigkeit und Frequenz einer bestimmten Befindlichkeit; Befindensqualität meint die Art der Befindlichkeit. Befindensintensität umfasst die graduelle Ausprägung einer Befindlichkeit, d. h. wie intensiv die Befindlichkeit erlebt wird. Befindensgenese meint die Weise, wie eine Befindlichkeit entstanden ist und unter dem Aspekt der Beurteilung der Befindlichkeit werden in diesem Kontext Partnerschaft, Familienleben, Arbeit, Wohnen, Freizeit etc. angeführt.

Auch Mayring (1991) sieht im Konstrukt „Wohlbefinden" eine Art Überbegriff und beschreibt diesen mittels eines Vier-Faktoren-Ansatzes. Demnach beinhaltet Wohlbefinden einen negativen, emotionalen Wohlbefindensfaktor (Freiheit von

Belastungen, Unbeschwertheit), einen positiven, kurzfristigen emotionalen Faktor (positiver Affekt, Freude, Lust), einen positiven, langfristigen emotionalen und kognitiven Faktor (Glück) und einen positiven, kognitiven Wohlbefindensfaktor (Zufriedenheit).

Becker unterscheidet zwischen aktuellem Wohlbefinden und habituellem Wohlbefinden, wobei ersteres für die aktuelle Befindlichkeit eines Menschen steht. Es handelt sich um einen Oberbegriff des „momentanen Erlebens einer Person, der positiv getönte Gefühle, Stimmungen und körperliche Empfindungen sowie das Fehlen von Beschwerden umfasst" (Becker, 1991: 13). Ein aktuelles Gefühl des Wohlbefindens kann zum einen durch erfolgreiche Handlungen (z. B. im Beruf), soziale Zuwendung etwa durch Freunde oder Familie, glückliche Umstände (Zufall) oder sensorische Erfahrungen (z. B. Musik) erreicht werden, zum anderen jedoch auch durch die Beseitigung von negativen Zuständen wie Schmerz, Angst oder Hilflosigkeit.

Das habituelle Wohlbefinden bezieht sich auf das für eine Person typische Wohlbefinden. Ein Mensch mit einem sehr stark ausgeprägten habituellen Wohlbefinden empfindet relativ häufig einen allgemeinen Zustand des Wohlbefindens. Diese nahezu dauerhafte Art des Wohlbefindens hängt sowohl von Personen- (z. B. Befriedigung von Bedürfnissen, ein geringes Maß an Neurotizismus etc.) als auch von Umweltbedingungen (z. B. soziale Beziehungen, Lebensstandard, Arbeitsbedingungen etc.) ab (ebda).

Nach Deinsberger-Deinsweger unterscheidet man zwischen physischem, emotionalem und mentalem Wohlbefinden. Für das körperliche Wohlbefinden ausschlaggebend sind Faktoren wie Temperaturniveau, Raumklima, geringe Schadstoffbelastung u. a. m. Im Zusammenhang mit dem Wohnbereich und dem Wohnumfeld sind für das emotionale Wohlbefinden alle sinnlichen – also visuellen, auditiven, olfaktorischen oder haptischen – Eindrücke relevant. Zum mentalen Wohlbefinden im Wohnkontext tragen Raumaufteilung, -ausrichtung und auch die Praktikabilität bei (Deinsberger-Deinsweger, 2016).

Der Frage, wie Körper und Gehirn auf Architektur reagieren, wird in Untersuchungen nachgegangen, die versuchen herauszufinden, wie sich die Fassadengestaltung aufs Wohlbefinden auswirkt, inwieweit Gebäude Heilungsprozesse unterstützen bzw. welche Wirkung die Einbindung der Natur auf das Wohngefühl hat (Horx-Strathern, 2019).

Das Diagramm des Zukunftsinstitutes (Abb. 3.1) beschreibt den neuroarchitektonischen Prozess, bei dem die physischen Reize der gebauten Umwelt der Input für die Reaktionen von Körper, Gehirn und Geist sind, wohingegen die soziologischen, verhaltensbezogenen und ökonomischen Verhaltensweisen als Output zu verstehen sind (ebda).

3.2 Wohlbefinden

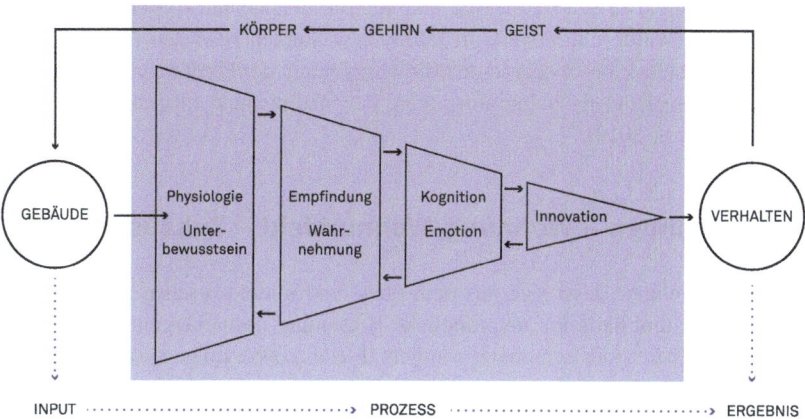

Abb. 3.1 Der Ansatz der Neuroarchitektur (Deutsches Zukunftsinstitut, 2019)

Gewisse Zellen im Hippocampus-Bereich unseres Gehirns sind auf geometrische Informationen und räumliche Organisation spezialisiert. Beim Betreten eines Raumes, einer Wohnung oder einer anderen Umgebung sind diese Zellen mit der Navigation beschäftigt. Sie speichern die aufgenommene räumliche Information als „kognitive Landkarten" (Fairley, 2018). Da sich der physiologische Zustand maßgeblich auf die Gesundheit auswirkt und wir heute unsere Zeit primär in Innenräumen verbringen, spielt das positive Wohn- bzw. Raumgefühl in Wohnhäusern, am Arbeitsplatz, ja im Grunde in allen Gebäuden, die wir regelmäßig aufsuchen, eine Schlüsselrolle für Wohlbefinden und Gesundheit (Horx-Starthern, 2019).

Seit dem 18. Jahrhundert steht das „Gefallen" im Zentrum der klassischen ästhetischen Theorien. In Bezug auf das Wohnen ist Schönheit pragmatisch ohne designtechnischen Anspruch. „Das Schönheitsempfinden wird damit als eine eigenständige Leistung eines wahrnehmenden Subjekts aufgefasst, es ist keine aus der Vernunft oder aus der Moral abgeleitete Sekundärfunktion des Erkennens" (Liessmann, 2009: 56). Der Mensch fühlt sich zu schönen Umgebungen hingezogen und fühlt sich zu ihnen stärker zugehörig (Ortsbindung). Gleichzeitig nimmt er mehr Kontakt zu seiner sozialen Umwelt auf. Denn um Schönheit überhaupt erleben zu können, muss die menschliche Wahrnehmung mit einer positiven Emotion und Bewertung verknüpft werden. Gerade auch im Städtebau reicht die Bedeutung der Architektur über die reine Wohlfühl-Ästhetik hinaus. Dass „das städtische Umfeld zu den Hauptrisikofaktoren für mentale und körperliche Krankheiten" zählt, wurde mittlerweile in zahlreichen Studien bewiesen (ebda). Umso nachhaltiger müsste besonders in den Ballungszentren der Forderung nach lebenswertem, ansprechendem Wohnraum seitens der Stadtplanung entsprochen werden (Horx-Starthern, 2019).

3.3 Wohnen – Wohnung/Wohnumfeld – Zuhause

Das Wort „wohnen" lässt sich aus dem ober- und mitteldeutschen Begriff „wonen" ableiten und hatte die ursprüngliche Bedeutung „beherbergen", „behaglich sein", „verweilen" oder „geschätzt werden" (Flade, 2006). Im gegenwärtigen Verständnis umfasst der Begriff „wohnen" den Konnex zwischen der Wohnumgebung und ihren Bewohnern also die Verbindung zwischen Mensch und Umwelt (Flade, 1993). Etymologisch stecken im Wort „wohnen" auch heute noch Gefühle der Zufriedenheit, Vertrautheit, Gewohnheit oder Liebe. Die Tätigkeit des „Bauens" liefert uns Menschen materiellen Schutz vor äußeren Umwelteinflüssen. Wohnen kann daher als „eine Verbindung von psychischen und physischen Bedürfnissen des Menschen sowie der materiellen äußeren Umwelt" verstanden werden (Mayer, 2002: 38 f.).

Für Bollnow (1963a) bedeutet Wohnen „die zum Teil identifizierte Verschmelzung mit einem Eigenraum und die dadurch bedingte Einschmelzung in einen Gesamtraum, die nicht im Bereich des bewussten Verhaltens möglich ist, sondern auf vorbewussten urtümlichen Schichten des seelischen Lebens beruht" (Bollnow, 1963a: 509). Bollnow sieht sieht im Haus und dessen formbildenden Mauern die endgültige Separation des Außen- und Innenraums. In dieser Doppelheit erkennt er die fundamentalen Charakteristiken für die Konstruktion des gesamten Raumerlebens und des menschlichen Lebens in seiner Gesamtheit. Der Wohnraum ist „der Bereich der Ruhe und des Friedens, in dem der Mensch seine ständig wache Aufmerksamkeit hinsichtlich einer möglichen Bedrohung aufgeben kann. Diesen Frieden den Menschen zu geben, das ist die oberste Aufgabe des Hauses. Und so sondert sich der Raum der Geborgenheit von dem Raum der Bedrohtheit" ab (Bollnow, 1963b: 100 f.).

Die „Wohnung" wird definiert als „die physikalische Umwelt (…), in der eine Anzahl von Tätigkeiten stattfindet, die das Wohnen konstituieren" wie z. B. Schlafen, Essen, Lieben und persönliche Hygiene (Walden, 1993: 11). Den größten Teil unseres Lebens verbringen wir in einem künstlich geschaffenen Umfeld, das uns mit einfachen geometrischen Gebilden wie Kreisen, Kuben, Parallelen, usw. umgibt. Das Wohnen als aktiver Prozess bietet weit mehr als die einfache

3.3 Wohnen – Wohnung/Wohnumfeld – Zuhause

Existenz von Geometrie und Linie. So sieht Bollnow „Wohnen" als „die Bestimmung des Menschen, in der er allein sein wahres Wesen verwirklicht. Er braucht einen festen Wohnsitz, wenn er sich nicht widerstandslos vom Strom der Zeit fortreißen lassen will" (Bollnow, 1960: 401). Somit ist nach Bollnow „die wahre Weise des menschlichen Seins im Raum (…) das Wohnen"(Bollnow, 1963a: 501). Wohnen heißt also auch „einen Raum haben (…) in dem man so eingeschmolzen ist, dass die Spaltung zwischen Subjekt und Objekt aufgehoben ist und man ein unmittelbares Einssein erfährt" (Bollnow, 1963a: 508).

Die Art und Weise, wie ein Mensch in einem schützenden Baukörper lebt, definiert demnach „wohnen" und konstituiert die Grundlage des menschlichen Seins. Die eigene Wohnung steht als Wirksphäre individueller Wünsche und Bedürfnisse im Zentrum des Bewohners bzw. der Bewohnerin und gibt Raum für gestalterischen Selbstausdruck (Bär, 2008). „Der Mensch braucht, um überhaupt leben zu können, einen solchen Bereich der Geborgenheit. Nimmt man ihm sein Haus (…) oder den Frieden seiner Wohnung, so ist auch die innere Zersetzung des Menschen unausbleiblich" (Bollnow, 2009: 136).

Für Piperek zählt „wohnen" genauso wie das Ankleiden zu den Urfunktionen des Menschen. Die Wohnung bzw. das Zuhause einer Person stellt eine „körperferne persönliche Hülle" dar und fungiert dadurch als ein „Zwischenmedium zwischen Ich und Umwelt" (Piperek, 1975: 28). Der individuelle Wohnstil bzw. die Vorlieben des Wohnens sind, genauso wie die Kleidung eines Menschen, Ausdruck der eigenen Persönlichkeit. Harloff & Ritterfeld (1993) beschreiben, dass der Mensch nicht nur in seiner Wohnung oder seinem Haus lebt, sondern auch die nahe Wohnumwelt wie beispielsweise die Straße vor dem Haus, Nachbarstraßen, Spielplätze oder siedlungsnahe Parks zum Wohnen dazu gehören. Andererseits wohnt der Mensch nicht an seinem Arbeitsplatz, im Kino, am Fußballplatz oder im Stadtpark. Auf Basis dieser Unterscheidung gliedern Harloff & Ritterfeld (1993) die Lebenswelt des Menschen in die drei Teilbereiche: Arbeits- und Berufswelt, Wohnwelt und Freizeitwelt. Durch diese Unterteilung kann das Wohnen als Alltagshandlung von anderen Welten abgetrennt werden, wobei betont wird, dass die Grenzen nicht scharf zu ziehen sind, sondern teilweise ineinander übergehen. So hat die Wohnwelt Überschneidungsbereiche mit der Freizeitwelt und teilweise, bezogen auf bestimmte Berufsgruppen, auch mit der Arbeits- und Berufswelt. Eine Tatsache, die wiederum in der Coronakrise mehr denn je an Bedeutung gewonnen hat. Das „Homeoffice" definiert die Anforderungen an das zeitgemäße Wohnen neu.

Harloff & Ritterfeld (1993) legen für die Tätigkeit des Wohnens drei Definitionsmerkmale fest:

- Bestimmte Handlungen: Wohnen ist mit allgemeinen und spezifischen Tätigkeiten und dem dazugehörigen Erleben verbunden. Zu diesen Wohntätigkeiten zählen Essen und Trinken, Schlafen und Erholen, Freizeitbeschäftigungen wie Spielen, Lesen, Fernsehen, Kommunizieren mit Freunden, Familien und Nachbarn oder Arbeiten in Haus und Garten.
- Ortsbezogenheit: Die genannten Wohntätigkeiten müssen in der Wohnung bzw. in der näheren Wohnumgebung oder -umwelt erfolgen.
- Aneignung und Personalisierung: Die Handlungen und Tätigkeiten, die der Mensch in seiner Wohnwelt ausführt, müssen in einer Art und Weise erfolgen, die den eigenen vier Wänden eine individuelle Bedeutung verleihen, sodass man sich mit ihnen identifiziert und dies für andere Menschen ersichtlich ist.

Auch Flade erklärt, dass sich „wohnen" auf verschiedene Bereiche bezieht. Diese reichen von der eigenen Wohnung, über das Haus, in der diese Wohnung liegt, über das direkte äußere Wohnumfeld bis hin zu dem Stadtteil und der Stadt, in der man lebt. Die Wohnung lässt sich physisch durch materielle Wände abtrennen, was auf die Grenzen der Wohnumgebung nicht im selben Maße zutrifft. Die Wohnung liegt im Mittelpunkt einer Wohnumgebung (Flade 1998, 2006). Walden beschreibt den Aufbau der Wohnumwelt in Form eines „zwiebelschalenartigen Musters" rund um die Wohnung (Walden, 1993: 39 f.). Demnach entscheiden sich Personen nach dieser Vorstellung für ein Land, eine Region, eine Stadt, ein Wohnviertel, eine Nachbarschaft, für ihre unmittelbare Wohnumgebung und das darin liegende Heim.

Wohnen endet grundsätzlich nicht an der Wohnungstür, teilweise werden auch ganze Siedlungen noch als erweiterter Wohnraum, als „Zuhause" erlebt.

Bär (2008) teilt die Wohnumwelt in einer physische und in eine soziale Komponente, wobei er betont, dass die materiellen, räumlichen Strukturen Ausdruck der sozialen Strukturen sind (und umgekehrt). Dieser Zusammenhang findet sich beispielsweise in den Konzepten von Nachbarschaft und Milieu wieder.

Auch Flade (2006) unterscheidet zwischen der physisch-räumlichen Umwelt (den baulichen Strukturen) und der psychischen, persönlich bedeutsamen Wohnumwelt. Zu Beginn steht für sie das Gebäude, das anschließend durch psychologische und soziale Prozesse von den Menschen in ein Heim bzw. in ein Zuhause verwandelt wird. Dabei gestalten das alltägliche Leben und soziale Beziehungen die individuelle Wohnumwelt.

„In einer Wohnung zu wohnen bedeutet, dass an einem Ort eine Fülle von sehr heterogenen sozialen Verhaltensweisen und Aktivitäten stattfindet, für die charakteristisch ist, dass diese privat sind, also idealerweise abgeschlossen vom Einfluss fremder Personen" (Herlyn, 1979: o. A.). Wohnen heißt, zu Hause zu sein, an einem besonderen Ort mit besonderen Bedingungen. „Viele aufs Haus bezogene Begriffe drücken ein Gefühl der Sicherheit und des Schutzes aus. Der Mensch braucht, um überleben zu können, einen Bereich der Geborgenheit. Dieser Bereich soll eine Art ‚dritte Haut' sein, die ihn vor den widrigen äußeren Einflüssen schützt" (Bär, 2008: 9).

Die Wohnung wird allerdings erst zum „Zuhause", wenn Aneignung bzw. die Anpassung an spezifische Wohnvorstellungen und eine Ortsidentifikation stattfinden und eine gewisse Vertrautheit empfunden wird. Beim Zuhause geht es somit in erster Linie um kulturelle, verhaltensbezogene, soziale und kognitive Aspekte wie Sicherheit oder Komfort und weniger um räumliche und materielle Bereiche. Mit der Wohnung verbindet sich der Stolz über Besitz und Lebensweise, wobei die Beurteilung erfolgreicher Wohnverhältnisse über objektive und subjektive Indikatoren erfolgt. Zu den subjektiven Indikatoren gehören z. B. das Wohlbefinden und die Zufriedenheit der Bewohner, zu den objektiven Faktoren, Lage, Ausstattung und Größe (Glatzer, 1996).

3.4 Wohnqualität

Von Wohnqualität spricht man, wenn positive Wohnbedingungen zu ganzheitlichem Wohlbefinden führen. Dabei wird – wie bereits in Abschnitt 3.2. und 3.4. beschrieben – zwischen habituellem (dauerhaftem) Wohlbefinden und aktuellem (temporärem) Wohlbefinden unterschieden. Es besteht ein direkter Zusammenhang zwischen aktuellem Wohlbefinden und Regulationsmöglichkeiten, die im Wohnraum gegeben sind. Habituelles Wohlbefinden hingegen definiert sich über ein längerfristiges Lebensglück und setzt Anpassungsmöglichkeiten über Lebensphasen hinweg voraus. Aus einer Übereinstimmung von individuellen Ansprüchen und objektiven Gegebenheiten entsteht dann Wohnzufriedenheit (Reichl, 2014).

Flade (2006) definiert Wohnqualität als einen Bereich der Lebensqualität, der sich speziell auf das Thema „Wohnen" bezieht. Wohnqualität umfasst demnach das subjektive Wohlbefinden, Zufriedenheit, wahrgenommene Handlungsmöglichkeiten und das Gefühl, in einer sicheren Umgebung zu leben. Walden (1993) betont, dass die Wohnqualität neben Gesundheit, Freundschaft, Beruf, Familie und finanziellem Wohlstand einen wichtigen Einflussfaktor auf die Lebensqualität eines Menschen ausübt. Ein hohes Maß an Wohnqualität kann sogar einen positiven Einfluss auf die psychische Verfassung von Menschen entfalten. Demnach entsteht das Gefühl „gesund zu sein bzw. zu werden, wenn eine steigende

Wohnqualität erlebt wird (Flade, 2006). Wohnqualität stellt ein offenes System dar, welches mit Bereichen wie Arbeit, Freizeit, Weltanschauung, Kultur und Wirtschaft verbunden ist. Wohnweisen und Wohnverhalten hängen demnach nicht nur von Wünschen und Bedürfnissen der Menschen ab, sondern sind auch Ergebnisse langfristiger gesellschaftlicher Prozesse, wie z. B. des technologischen Fortschritts.

Wohnvorstellungen, -wünsche, -bedürfnisse und -zufriedenheit stellen wichtige Kriterien für die Bewertung von Wohn- und Lebensqualität dar. Im Rahmen von Studien zu diesen Themen sind vorwiegend Wohnungstypen, Wohnanlagen, Siedlungs- und Wohnformen, architektonische Innovationen, Wohnumgebung oder Wohnstandort Gegenstand der Betrachtung (Mayer, 2002; Flade, 2006). In einer Untersuchung zu den Themen „Wohnzufriedenheit und Wohnqualität" wurden folgende Indikatoren der Wohnqualität herangezogen: Art des Wohnhauses, Wohnungsgröße, Rechtsverhältnis, Wohnkosten, Ausstattung der Wohnung (z. B. Balkon, Terrasse oder Lärmschutz) und Wohnanlage (z. B. Grünflächen, Kinderspielplätze, Gemeinschaftsraum, Aufzug usw.) und Wohnumgebungsqualität, wie beispielsweise Lärmbelästigung oder Luftqualität (SORA, 2005). Die „Wohnqualität", die ja letztendlich die „Lebensqualität" mitbestimmt, hängt so gesehen demnach von unterschiedlichen Faktoren ab, unter anderem von der Lage, der Infrastruktur, der Nachbarschaft, der Raumplanung aber auch von den allgemeinen Wohnbedürfnissen und ganz individuellen Wohnanforderungen. Für Reichl ist Wohnqualität dann gegeben, „(…) wenn Wohnen mit Leben gleichgesetzt wird und beim Wohnen all das bedacht wird, was das Leben vereinfacht und bereichert" (Reichl, 2014: 23).

Schuemer (1998) teilt die Bewertungskriterien für Wohnqualität in drei Klassen ein – die technischen, funktionalen und psychologischen Elemente. In den Bereich Technik fallen beispielsweise die Leistung der technischen Systeme, aber auch Heizung, Beleuchtung, Sanitäreinrichtungen oder Schallschutz … Passende Raumkonzepte oder die Nutzerflexibilität zählen zu den funktionalen Elementen. Die psychologischen Elemente beziehen sich hingegen auf Zufriedenheit, Geborgenheit, Sicherheit, räumliche Orientierung, Ortsbindung, Privatheit oder Aneignung.

Die objektive „Wohnqualität" sollte aber nicht mit der individuellen „Wohnzufriedenheit" gleichgesetzt werden. Letztere hängt laut Reichl) vielmehr von subjektiven Lebensumständen und -zusammenhängen wie Familienstand, Alter, Beruf, Freizeitverhalten, Interessen, persönlicher Wohngeschichte u. v. m. ab. „Wohnzufriedenheit" muss daher immer eingebunden in Lebensphasen betrachtet

3.4 Wohnqualität

werden und entsteht nicht nur durch die „passende" Wohnung, sondern vielmehr durch optimierte Wohnlösungen, die alle Lebensbereiche möglichst gut berücksichtigen und abdecken (Reichl 2014: 25).

Demnach „ist die potentielle Wohnqualität umso höher, je eher die Wohnumwelt in der Lage ist, die allgemeinen Bedürfnisse zu erfüllen und darüber hinaus den persönlichen Wünschen und Anforderungen Raum lässt" (IWAP, 2017).

Nach Deinsberger-Deinsweger gibt es „keine menschliche oder zwischenmenschliche Ebene, die nicht von unserem unmittelbaren Lebensraum (Wohnung, Gebäude und Umfeld) beeinflusst werden würde" (Deinsberger-Deinsweger, 2016: 9 f.). Ein Großteil der Wirkungen vollzieht sich allerdings ohne, dass es uns bewusst ist. Zudem sagt eine erste bzw. momentane Empfindung für einen Raum noch nichts darüber aus, wie sich das Wohnumfeld „anfühlt", wenn man längere Zeit darin lebt (ebda). Da sich die Wohnbedürfnisse darüber hinaus mit den Lebenssituationen und -zyklen verändern, kann ein Gebäude immer nur als Momentaufnahme betrachtet werden. So erscheint möglicherweise eine anfangs optimal auf die jeweiligen Nutzerbedürfnisse abgestimmte gebaute Umwelt, die hohe Wohnqualität verspricht, nach gewisser Zeit durch Abnützung oder auch veränderte Lebensphasen der Bewohner unter einem gänzlich anderen Blickwinkel.

Ist das Ziel der Wohnbauplanung, optimale Wohnungen in einem ebenso idealen Wohnumfeld zu errichten, die nicht nur zum gegenwärtigen Zeitpunkt, sondern auch noch in Zukunft den sich verändernden Anforderungen ihrer Bewohner gerecht werden (Keul, 1990), kann sich die Umsetzung aus unterschiedlichen Gründen als schwierig erweisen. Einer der Gründe liegt in der differenzierten Sichtweise der Beteiligten. Neben Architekten und Psychologen haben auch Bauherren, Besucher, junge und ältere Menschen, Familien oder Singles individuelle Blickwinkel, unter denen sie gebaute Umwelten betrachten. Ein und dasselbe Gebäude kann von jeder Gruppe – je nach „Zugang" und Perspektive – anders wahrgenommen und empfunden werden (Flade, 2008: 28). Ebenso kann sich die Schere zwischen formalistischem und nutzerorientiertem Entwurf als problematisch erweisen. Verwiesen wird hier speziell auf das Feld der Wohnbauarchitektur, wenn ein nutzerorientierter Entwurf gefragt ist, hingegen ein formalistischer Entwurf geliefert wird, der das primäre Ziel hat, als Bauwerk an sich zu begeistern und die Bedürfnisse der Nutzer dabei hintanstellt (ebda).

Planer und Architekten orientieren sich gegenwärtig stark am Zeitgeist und der öffentlichen Meinung und gestalten das Erscheinungsbild von Gebäuden dementsprechend. Die Architektur folgt derzeit nur zu gerne dem Trend der „Offenheit und Transparenz" und entscheidet sich für großzügige Glasfronten, die Aus-, aber auch Einblicke ins Gebäude bieten, was allerdings in krassem Widerspruch zum menschlichen Bedürfnis nach Rückzug und Privatheit steht (Reichl, 2014: 31). Das Ergebnis präsentiert sich dann nicht selten als mit Sichtschutzvarianten aller Art verbarrikadierte Glasfronten. Das Gesamterscheinungsbild eines Wohnbaus verliert so schnell an Attraktivität, die Identifikation mit dem Wohnumfeld wird erschwert.

Auch in der Tatsache, dass Bauträgern bei der Projektierung die späteren Nutzer und deren Wohnbedürfnisse nicht bekannt sind, wird eine vorrangige Problematik geortet. Hier dient die Wohn- und Architekturpsychologie als „Richtschnur" für die Berücksichtigung jener Qualitätskriterien des Wohnens, die Menschen brauchen, um sich in ihrem Wohnumfeld wohl zu fühlen, sich entfalten und auch entsprechend entwickeln zu können bzw. im Alter eigenständig und mit hoher Lebensqualität im gewohnten Wohnumfeld verbleiben zu können (Reichl, 2016: 16). Gelungene Planung scheitert allerdings häufig an der Planungstradition, in der das Wissen um das Thema Wohnen im psychologischen Zusammenhang zu wenig gebündelt ist und derzeit noch zu wenig in die Ausbildung der Planenden einfließt. Viele wissenschaftlich belegte Erkenntnisse der Wohn- und Architekturpsychologie haben demnach noch keinen Eingang in die Planung gefunden. Gilt hier doch das Augenmerk primär nach wie vor in erster Linie den künstlerischen bzw. „harten" technischen Fakten wie Design, Baumaterialien, Energiekennzahlen etc. und weniger den so genannten „Gebäude-Soft Skills", jenen Gebäude-Eigenschaften, die auf Wahrnehmung, Verhalten und Gesundheit der Bewohnenden einwirken und aus neutralen Räumen Lebensräume werden lassen (ebda).

Immer wieder stellt sich im Zusammenhang mit dem Thema „Humane Gebäudequalitäten – Humanes Bauen" die Frage nach den Kosten. Entgegen der oft bestehenden Meinung, menschengerechtes Bauen sei teurer, verweist Gifford auf einschlägige Erfahrungen in den USA, nach denen „menschengerechtes Bauen" neben der Qualität von Gebäuden aller Art auch real finanzielle Vorteile bringen kann (Gifford, 2002; Deinsberger, 2016). So sorgt eine schlechte Wohnbauqualität aus sozialer und psychologischer Sicht für mangelnde Akzeptanz seitens der Nutzer, was wiederum eine erhöhte Mieterfluktuation und Probleme mit Leerständen, Beschwerden, Konflikten, ja sogar eine verstärkte Tendenz zu Vandalismus nach sich zieht, von den menschlichen Beeinträchtigungen wie Depressionen, Gereiztheit, Vereinsamung und Streit zwischen den Bewohnern ganz abgesehen (ebda).

3.5 (Wohn)Zufriedenheit

Zufriedenheit ist nach Maderthaner „zumeist das Ergebnis einer überwiegend kognitiven Bewertung von Lebensumständen" (Maderthaner, 1998: 486). Zufriedenheit ist demnach eine „kognitive Wohlbefindenskomponente". Durch Prozesse des Abwägens der bisher erreichten Lebensziele oder durch die Einschätzung des Verhältnisses von positiven und negativen Erlebnissen im eigenen Leben entsteht ein dementsprechendes Maß an Lebenszufriedenheit.

Die Angabe von Zufriedenheit kann sich auf unterschiedlichste Situationen und Sachverhalte beziehen, etwa auf Merkmale von individuellen Lebensbedingungen (z. B. auf die Zufriedenheit mit der Größe der eigenen Wohnung), auf ganze Lebensbereiche (beispielsweise die allgemeine Zufriedenheit mit der Wohnung) oder auf das gesamte subjektive Wohlbefinden (z. B. Zufriedenheit mit dem eigenen Leben). Auch hier werden die verstandesmäßige Bewertung von Lebensumständen und der Einfluss von sozialen Vergleichsprozessen mit anderen hervorgehoben (Glatzer, 1992).

Wie Reichl erläutert, führen Befragungen zur Wohnzufriedenheit aufgrund des Bedürfnisses nach mentaler Kongruenz meist zu sehr positiven Ergebnissen. Dass Menschen auch mit schlechter Wohnqualität zufrieden sein können bzw. dass hier oft höhere Zufriedenheitswerte verzeichnet werden als bei Menschen in qualitativ besseren Wohnumfeldern, wird in der Forschung als „Zufriedenheitsparadox" bezeichnet und tritt vor allem dann auf, wenn an der aktuellen Wohnsituation nichts verändert werden kann. Um dem Gefühl der Unzufriedenheit entgegenzuwirken, wird die Bewertung der aktuellen Situation angepasst (Reichl, 2014: 26).

Dass in Österreich dennoch knapp die Hälfte der Bevölkerung mit ihrer Wohnsituation nicht glücklich ist – zu klein, zu hellhörig, zu teuer, schlechtes Umfeld, kein Balkon, zu dunkel –, zeigt die Auswertung einer Umfrage des Immobilienportals Immowelt (2018). In Deutschland sind sogar mehr als 50 % der Bevölkerung mit ihrer Wohnsituation unzufrieden, in der Schweiz ist dies jeder Zweite (Zukunftsinstitut, 2018: 70).

Da aufgrund der aktuell hohen Wohnungskosten nicht davon ausgegangen werden kann, dass alle unzufriedenen Nutzer jederzeit die Möglichkeit der qualitativen Veränderung haben, hat entweder im Laufe der letzten Jahre ein Umdenkprozess hinsichtlich einer kritischen und ehrlichen Beurteilung der individuellen Wohnsituation eingesetzt oder es liegt ein so genanntes Unzufriedenheitsdilemma vor. Laut Flade können Menschen, die die nötigen Mittel zur Veränderung ihrer Wohnsituation zur Verfügung haben, nämlich auch ins gegensätzliche Phänomen geraten – ins Unzufriedenheitsdilemma (Flade, 2006). In diesem Fall ist nichts gut genug, was eine unentwegte Suche nach Verbesserung mit sich bringt. Eine weitere Möglichkeit besteht darin, dass der aktuelle Architekturtrend, der vielerorts die neu entstehenden Stadtviertel bzw. Quartiere prägt, tatsächlich zu wenig den Wohnbedürfnissen der Nutzer entspricht. Zufriedenheit ist eine gefühlsmäßige Reaktion, die bei positiver Bewertung der eigenen Wohnumwelt als Wohnzufriedenheit interpretiert werden kann. Diese wird grundlegend nicht als ein verlässliches Kriterium für eine objektive Bewertung von Wohnqualität angesehen, jedoch meint Flade, dass die persönliche Stellungnahme zur Wohnzufriedenheit sehr wohl von psychologischem Interesse ist, da die Wohnzufriedenheit das Verhalten mitbestimmt (Flade, 2006).

Walden definiert Zufriedenheit als ein Gesamtbild von emotionalen Reaktionen auf die sozial-physikalischen Aspekte der Umwelt. Als Wohnzufriedenheit können demnach positive oder negative Gefühlsreaktionen von Menschen auf ihre Wohnumwelt verstanden werden, wobei neben diesen emotionalen Reaktionen auch kognitive Bewertungen und Wahrnehmungen von Merkmalen der Wohnumgebung eine Rolle spielen, die die Wohnzufriedenheit mitbeeinflussen (Walden, 1993).

Hansely & Kaufmann untersuchten genauer, welche Faktoren Einfluss auf die Wohnzufriedenheit von Bewohnern ausüben. Als wichtige Einflussfaktoren wurden neben Wohnungsgröße und Preisgestaltung der Wohnung die Zufriedenheit mit der Wohnumgebung (ruhige Lage, Ansehen des Wohnviertels etc.), Gemeinschaftseinrichtungen (Hobbyräume, Kinderspielplätze, Grünflächen etc.), Infrastrukturausstattung in der nahen Wohnumgebung, Umweltqualitäten (geringer Lärm, gute Luft) und das subjektive Sicherheitsgefühl, das die Bewohner empfanden, angeführt (Hansely & Kaufmann, 2004).

Die Zufriedenheit mit der eigenen Wohnung, der Wohnumwelt und dem Wohnort ist sowohl von Personen- als auch von externen Umweltfaktoren abhängig. Neben äußeren Merkmalen wie Wohnungsgröße, Wohnkomfort, Aussehen und baulichem Zustand des Wohnhauses, Image und Sicherheit im Wohngebiet, Wohnkosten und Nachbarschaft hängt die Wohnzufriedenheit vor allem von früheren Wohnerfahrungen und -erlebnissen der Bewohner ab. Fiedler (1997) zählt neben bisherigen Wohnerfahrungen die Qualität der Wohnung (Größe, Funktionalität der Räume, Raumklima, Wohnkosten etc.), Aussehen und Umgebung des Wohngebäudes und des Wohnumfelds (Begrünung, Belichtung, Lärm) sowie nachbarschaftliche Kontakte zu Merkmalen der Wohnzufriedenheit.

Das Sozialforschungsinstitut SORA entwickelte auf Basis zweier Untersuchungen ein Erklärungsmodell der Struktur der Wohnzufriedenheit (SORA,

3.5 (Wohn)Zufriedenheit

2005). Demnach sind bei der Betrachtung der Wohnzufriedenheit die Dimensionen „materielle Wohnzufriedenheit" (Wohnungsmerkmale) wie z. B. Preiswürdigkeit der Wohnung und Wohnungsgröße sowie „Zufriedenheit mit der soziogeographischen Lage der Wohnung" (Wohnumgebungsmerkmale) – beispielsweise ruhige Lage, allgemeine Lage in der Stadt, nahe Grünfläche oder auch Ansehen des Wohnviertels – zu berücksichtigen. Zusätzlich wurden Merkmale der Wohnumgebung definiert, die ebenfalls einen Einfluss auf die Wohnzufriedenheit und in weiterer Folge auch auf die Bindung an das Wohngebiet haben. Zu diesen Merkmalen zählen unter anderem die Sauberkeit des Wohnumfelds (Luftqualität, Straßenreinigung usw.), die Lärmfreiheit der Wohngegend oder auch die subjektiv empfundene Sicherheit in der Wohnumgebung.

Kahana et al. (2003) entwickelten ein Modell zur Erklärung von Wohnzufriedenheit speziell für ältere Menschen, welches sich jedoch in seinen Grundzügen durchaus für alle Altersgruppen anwenden lässt.

Abb. 3.2 verdeutlicht dieses Modell und zeigt, dass Wohnzufriedenheit und daraus resultierendes psychisches Wohlbefinden sowohl von Personenmerkmalen, Umweltmerkmalen als auch von einer Person-Umwelt-Übereinstimmung (person-environment fit) beeinflusst werden. Die Personenmerkmale umfassen unter anderem sozio-demographische Variablen (Alter, Geschlecht, Ausbildung etc.), Persönlichkeitseigenschaften und auch persönliche Präferenzen (z. B. Wunsch nach Sicherheit, Kontakt oder Ruhe). Stimmen diese persönlichen Erwartungen und Vorlieben mit den Umweltmerkmalen überein, resultiert eine Übereinstimmung zwischen Mensch und Umwelt. Diese Faktoren führen im weiteren Verlauf zu einem entsprechenden Maß an Wohnzufriedenheit und Wohlbefinden. Kahana et al. (2003) plädieren folgerichtig für eine Berücksichtigung von Personen- und Umweltfaktoren, um die Wohnzufriedenheit von Menschen zu garantieren.

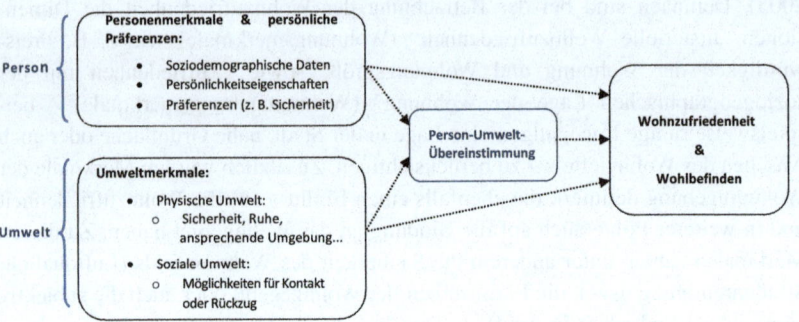

Abb. 3.2 Wohnzufriedenheit und Wohlbefinden (Kahana et al., 2003: 438)

Mensch-Umwelt-Beziehungen 4

Bevor der Mensch vor ca. einer halben Million Jahre mit dem Bau von Behausungen mit Wänden und Dächern begann, suchte er Schutz in Höhlen und Nischen (Grutter, 2015: 70). Sigmund Freud verstand die ersten Schritte des Menschen hin in Richtung kulturellem Wohnraum als „Ersatz für den Mutterleib, die erste, wahrscheinlich noch immer ersehnte Behausung, in der man sich sicher war und sich wohl fühlte" (Freud, 1930: 450).

Anders als noch vor etwa hundert Jahren, verbringen wir heute in der westlichen Welt 90 % unserer Lebenszeit in Gebäuden. Somit sind gebaute Umwelten als das „natürliche Habitat des Menschen" und als dessen Hauptlebensraum zu betrachten (Evans & McCoy, 1998: 87 ff.). Deinsberger definiert das „Habitat" als den gesamten wohnungsbezogenen Lebensraum eines Menschen. Dieser umfasst die Wohnung oder das Haus mit allen Freiräumen (Garten, Terrasse, Balkon, Loggia), das Gebäude, die Wohnanlage und das weitere Wohnumfeld. Das „Habitatsystem" inkludiert neben allen Räumen und baulichen Elementen auch die Beziehungen und wechselseitigen Einflüsse von Menschen und wohnungsbezogenem Lebensraum. Die besagte „menschliche Qualität" des Habitats hängt somit nicht nur von der Qualität und Quantität der Baustruktur, der Räume und der verwendeten Materialien ab, sondern auch von der möglichen Interaktion zwischen Menschen und Wohnumwelt sowie deren Einfluss auf das Individuum (Deinsberger, 2007: 49 ff.).

Die Ausgestaltung des Wohnraums hängt wiederum zum einen von physischen Mitteln ab und bringt zum anderen auch die Gesinnung seiner Bewohner zum Ausdruck (Grutter, 2015). Nach Kahn lebt „im Wesen des Raums (…) der Geist und der Wille zu einer bestimmten Art des Seins" (Kahn, 2001: 162). Demnach sind die Seinsart und der raumgestalterische Geist auch kulturabhängig. Die architektonische Umwelt des Menschen stellt eine komplexe Konfiguration von Beziehungsebenen dar. Sie beinhaltet unterschiedliche Ordnungssysteme, die sich überlagern, dominieren, durchdringen oder auch rivalisieren (Grutter, 2015: 70).

In der Raumarchitektur spricht man vielfach von der „dritten" menschlichen Haut, wobei uns die erste Haut von Natur aus mitgegeben wurde. Als Schutz vor Verletzungen durch Dornen oder scharfen Kanten bei der Jagd oder der Feldarbeit, gegen Bedrohungen von Tieren oder gegen klimatische Einflüsse wie starke Hitze, Kälte oder Nässe dient uns die zweite Haut in Form von Kleidung. Die zivilisatorische Funktion von Kleidung, etwa zur Repräsentanz von Status und Macht oder zur visuellen Kommunikation der kulturellen Zugehörigkeit, spielt ebenfalls eine bedeutende Rolle.

Die schützende Behausung bildet die dritte Haut des Menschen. Hohmann definiert die statische dritte Haut als feste, bodenverbundene Struktur. Eine Ausnahme davon bilden nur die Nomaden, zu deren Lebensstil die Wanderschaft und somit die Mobilität der Wohnstätte gehören. Die Behausung bietet effektiven Schutz und schafft einen Zufluchtsort, der von Hohmann als Nest bezeichnet wird (Hohmann, 2014: 11).

Die Sehnsucht nach Schutz steht in engem Zusammenhang mit der Architektur und reicht bis in die frühe Menschheitsgeschichte zurück. Der Kulturprozess der Menschheit veränderte die Konstruktion, das Aussehen und die Materialität der Baukörper. „Heute ist der Mensch ohne diese dritte Haut fast nirgends mehr vorstellbar und in vielen Klimazonen ohne sie auch nicht überlebensfähig" (ebda). Der Wunsch, Wohnbauten aus dem Funktionalen herauszulösen, um die sozialpsychologischen Bedürfnisse nach mehr Wohnlichkeit, Menschlichkeit und „Wärme" in Form einer intimen „Wohnhöhle" zu schaffen, gewinnt immer mehr an Bedeutung (Hohmann, 2014: 7).

Mensch und Wohnumfeld stehen also in einer Wechselbeziehung und sind, so gesehen, miteinander verbunden. Als „verbindend" definiert Bell sensorische Prozesse, emotionale Reaktionen und auf die Umwelt bezogene Handlungen (Bell et al. 2001, Flade 2008: 56).

Da es sich bei den Nutzern um eine sehr inhomogene Gruppe handelt, die sich in Lebensalter, Lebenslage, Einstellungen, Werten, Vorlieben, Interessen und der Art der Nutzung höchst differenziert darstellen, erschwert dies die Planung gebauter Umwelten. Ein Versuch, dieser Problematik beizukommen, ist die Einteilung der Nutzer in homogenere Gruppen, deren individuelle Bedürfnisse als Planungsvorgabe für spezifische Umwelten dienen. So sollten Umwelten, in denen beispielsweise Kinder aufwachsen, möglichst viel Entfaltungsfreiraum bieten und eine optimale Entwicklung fördern (Chawla 2002).

Für ältere Menschen ist es hingegen wünschenswert, möglichst lange selbstbestimmt in den eigenen vier Wänden zu verbleiben (Flade, 2008: 83).

Einen anderen Ansatz der Kategorienbildung sieht Ritterfeld (1996) im mehrdimensionalen Lebensstilkonzept, das paketartig neben Alter, Geschlecht,

4 Mensch-Umwelt-Beziehungen

Einkommen und Bildungsniveau mehrere Merkmale wie individuelle Wertehaltungen, Konsumverhalten, Freizeitaktivitäten etc. bündelt (Ritterfeld 1996, Flade 2008).

Flade (2008) betrachtet dieses Konzept allerdings als zu komplex hinsichtlich der Bildung von Zielgruppen. Sie präferiert eine Betrachtungsweise, die die Ansätze von Altmann (1975) und Kaminski (1998) integriert und Umwelteinheiten im Kontext ihrer Funktion (Arbeiten/Lernen, Freizeit, Gesundung, …), bezüglich der speziellen Zielgruppen – Kinder, alte Menschen, Personen mit Beeinträchtigungen – oder hinsichtlich der Mensch-Umwelt-Beziehung und der damit verbundenen psychologischen Prozesse (siehe Tab. 4.1) unterscheidet… (ebda).

Einen Überblick über die grundlegenden psychologischen Prozesse, bezogen auf gebaute Umwelten, bietet nachstehende Abbildung (Flade, 2008: 86).

Tab. 4.1 (Quelle: Flade, 2008: 86)

Psychologische Prozesse	Erklärungen
Räumliche Orientierung	Je klarer und verständlicher die gebaute Umwelt, desto leichter die räumliche Orientierung und Wegefindung
Umweltwahrnehmung	Sensorische Reize werden zu Informationen über die Umwelt verarbeitet. Sowohl ein zu hohes als auch ein zu geringes Reizvolumen beeinflusst die Informationsverarbeitung
Emotionale & ästhetische Reaktionen	Gebaute Umwelten wecken Emotionen. Sie werden entweder als schön und anregend oder als hässlich und monoton wahrgenommen
Räumliche Verhalten/Territorialität	Primäre, sekundäre und öffentliche Territorien erlauben eine räumliche/zeitliche Ordnung und sorgen für ein harmonischeres Zusammenleben
Privatheit	Privatheit bedeutet Zugangskontrolle zum eigenen Selbst
Umweltkontrolle und -aneignung	Durch Umweltaneignung schafft sich der Mensch persönlich geprägte und für ihn passende Räume
Orts-Bindung & -Identität	Zu für sie wichtigen Orten bauen Menschen eine emotionale Bindung auf. Bestenfalls werden diese Orte zu einem Teil ihrer Identität
Stress	Belastungen, Beeinträchtigungen oder sogar Bedrohungen in der Umwelt sind Stressfaktoren. Ziel ist deren Vermeidung bzw. die Stärkung der Stressbewältigungskompetenz

Psychologische Prozesse in Bezug auf gebaute Umwelten – eine Kurzübersicht
(Siehe Tab. 4.1)

4.1 Räumliche Orientierung

Orientierung bedeutet, sich in seinem Umfeld zurecht zu finden und sich damit nicht verloren (orientierungslos) zu fühlen (Deinsberger, 2008: 134). Räumliche Orientierung und auch Wegfindung stehen mit den Bedürfnissen nach Sicherheit und Kontrolle im Zusammenhang und hängen letztendlich von der Klarheit und der Möglichkeit ab, die gebauten Umwelt zu verstehen (Reichl, 2014).

Nach Dogu & Erkip wird die Orientierung durch drei unterschiedliche räumliche Informationen erleichtert. Diese sind die architektonische Information – beispielsweise ein deutlich erkennbarer Eingang –, die grafische Information wie Richtungspfeile oder Piktogramme und die verbale Information in Form von Infotafeln, Hinweisschildern oder auch Auskunftspersonal (Dogu & Erkip, 2000).

Gifford beschreibt Räumliche Kognition (spatial cognition) als „das Erkennen räumlicher Relationen und Strukturen". Dazu zählen: das Finden des richtigen Weges, die Einschätzung von Entfernungen, die Bestimmung von Richtungen, das Erkennen von Wegmarken und die Fähigkeit, Pläne und Karten zu lesen (Gifford, 2007, Flade, 2018: 87).

Gerade bei Reihenhaussiedlungen und mehrgeschossigen aneinandergereihten Wohngebäuden handelt es sich nicht selten um konforme, monotone Wohngebäude. Versuche, diese Gleichförmigkeit aufzulockern, erfolgen häufig durch farbliche Markierungen, Unterschiede in der Etage, in der Fenstergestaltung, der Gebäudehöhe, dem Gebäudekomplex, der Fassade oder durch das Hervorheben von Bauteilen. Diese Elemente sollen Bewohnern eine Möglichkeit bieten, sich in ihrer Wohnumwelt besser zu orientieren und sich mit ihr stärker zu identifizieren (Flade, 2006).

Menschen können sich gedanklich oder auch virtuell in ihrer Umwelt zurechtfinden, indem sie sich Orte in Erinnerung rufen oder Reiserouten entwerfen. Dieses innere Bild der Umwelt bezeichnet man als „kognitive Karte" (Flade, 2008: 87). Je leichter lesbar die Umwelt ist, desto leichter lässt sich eine solche „cognitive map" erstellen. Antje Flade führt als Orientierungshilfen Elemente wie Landmarken (z. B. Geländepunkte), Wege, Knotenpunkte (Straßenkreuzungen), abgegrenzte Teilgebiete (Bezirke) und Begrenzungen (Flussufer, Hecken …) an (Flade, 2008).

Die „Architektonische Lesbarkeit" bezieht sich nach Peponis et al. insbesondere auf Gebäude. Wenn gerade in großen Gebäuden die Wegfindung aufgrund verwinkelter Gänge oder unübersichtlich angeordneter Eingänge erschwert wird, sind beispielsweise Hinweisschilder und/oder auch ein Farbleitsystem wertvolle Orientierungshilfen (Peponis et al., 1990, Flade, 2008).

4.2 Umweltwahrnehmung

Die Umweltwahrnehmung erfolgt über die Sinnesorgane. Aus den aus der Umwelt aufgenommenen Informationen entstehen innere Bilder, die allerdings nicht immer der objektiven Realität entsprechen. Die Erklärung dafür bietet das Gehirn selbst. So können nicht sämtliche sensorischen Eindrücke, die beim Erkunden einer Umwelt aufgenommen werden, verarbeitet bzw. im Kurzzeitgedächtnis gespeichert werden (Flade, 2008).

Als Reaktion auf die Reizüberflutung werden Informationen daher teilweise ausgeblendet – es kommt zum Tunnelblick, bei dem sich der Blickwinkel verengt. Bei individuell unterschiedlichen Tunnelblicken entstehen auch spezifische Bilder der Umwelt (Hellbrück & Fischer, 1999, Flade, 2008).

Diese individuellen Unterschiede werden noch zusätzlich aufgrund der Tatsache vergrößert, dass Wahrnehmungen die Kombination sensorischer Eindrücke und des im Langzeitgedächtnis gespeicherten Wissens sind. Unterschiedliches Wissen und differenzierte Selektion erzeugen somit subjektive Umwelt-Bilder (Flade, 2008).

Da Menschen die Umwelt nicht nur als visuelle Information, sondern auch als Geräusche und Gerüche über Ohren und Nase aufnehmen, spricht man neben „Landscapes" auch von „Soundscapes" und „Smellscapes". „Soundscape" bezeichnet die für einen Ort oder eine Umwelt typische Klangkulisse. Zu unterscheiden sind hierbei Grundtöne (z. B. Meeresrauschen an der Küste), Signallaute (Handyläuten, Autohupen) und Orientierungslaute, die der Verhaltensregelung in Gemeinschaften dienen, wie etwa Fabriksirenen, der Pausengong in der Schule oder die Klangfolge nach der Theaterpause (ebda).

Interessant ist in diesem Kontext das Zusammenwirken verschiedener Sinnesmodalitäten (Synästhesie). So belegt eine Studie von Anderson et al., wie ein und dieselben Umwelten je nach Geräusch unterschiedlich bewertet werden. Die Wertschätzung des Waldes beispielsweise geht zurück, wenn Verkehrslärm zu hören ist. Umgemünzt auf die Umweltgestaltung bedeutet dies, dass sich gebaute Umwelten durch akustische Reize in der Wahrnehmung des Menschen positiv verändern lassen (Anderson et al., 1983, Flade, 2008). Flade führt dazu das Beispiel von Vogelgesang in der Innenstadt an.

4.3 Emotionale Reaktionen und ästhetischer Eindruck

Gebäuden, Räumen und Landschaften werden Eigenschaften zugeordnet, die den Gefühlen entsprechen wie nüchtern und sachlich, kalt, bedrückend, gemütlich, heimelig, beeindruckend, beschützend, einladend ... Somit besitzen Umwelten affektive Qualitäten (Hellbrück & Fischer, 1999, Flade, 2008). Russell & Snodgrass sehen „emotionale Reaktionen in Bezug auf Dinge, Ereignisse und Umwelten als Schlüssel für Umwelt-Mensch-Beziehungen" (Russel & Snodgrass, 1987 Flade, 2008: 107). Emotionale Reaktionen erfolgen immer unmittelbar ohne vorhergehende Abwägung. Emotional günstige Umwelten verfügen über das genau richtige Reizniveau – nicht zu erregend, nicht zu reizarm. Sie wecken, werden sie als positiv empfunden, Reaktionen der Zuwendung oder im umgekehrten Fall Reaktionen der Abkehr. Hat sich eine Person einmal von einer Umwelt abgekehrt, bleibt die Erinnerung an die hier geweckten Emotionen haften und bestimmt das zukünftige Verhalten.

Gefühlseindrücke prägen somit das Verhalten über die Gegenwart hinaus. Die affektiven Qualitäten eines Ortes bleiben im Gedächtnis haften – auch wenn man sich an den Ort selbst kaum noch erinnern kann. Nachdem Orte so intensive Emotionen auslösen können, ist deren Gestaltung umso wichtiger (Flade, 2008).

4.3.1 Formale und Symbolische Ästhetik

Schönheit ist relativ und liegt zumeist im Auge des Betrachters. Das individuelle Schönheitsempfinden kann sich im Laufe eines Lebens aufgrund von Erfahrung, neuen Eindrücken und Erlebnissen verändern (Deinsberger-Deinsweger, 2016). Ästhetik ist jedoch nicht nur individuelles Empfinden, sondern lässt sich – zumindest teilweise – nach objektiven Kriterien beurteilen.

Gegenstände wie Umwelten werden nach Nasar nach ihren formalen Merkmalen (Formale Ästhetik) und nach ihren Inhalten (Symbolische Ästhetik) als schön oder weniger ansprechend/schön beurteilt (Nasar, 1997, Flade, 2008).

In der Ästhetiktheorie von Berlyne und Kaplan & Kaplan werden formale Kriterien, die übrigens direkt sinnlich wahrgenommen werden, dahingehend formuliert, dass „der ästhetische Eindruck von bestimmten Reizqualitäten abhängt, die auf Vergleichen mit internen Maßstäben beruhen" (Berlyne, 1971, Kaplan & Kaplan, 1989, Flade, 2008: 112).

Der Eindruck von „Gefallen" stellt sich dann ein, wenn die gebaute Umwelt ein „mittleres Maß an Komplexität aufweist" und sich vom Gewohnten zwar ein wenig, aber nicht zu eklatant abhebt. Stellt sich die Umwelt zu schlicht dar, wird sie schnell als monoton empfunden. Da das optimale Erregungsniveau wiederum sehr individuell ist, ist auch die Beurteilung eine sehr unterschiedliche, womit sich wieder der Kreis zur „Geschmacksfrage" schließt (ebda).

Kaplan & Kaplan beziehen sich in diesem Kontext auf die Evolutionstheorie, nach der Menschen Umwelten präferieren, die ihnen am ehesten das Überleben sichern. Dies ist dann gegeben, je vertrauter und geordneter ihnen die sie umgebende Umwelt erscheint und je leichter es ihnen fällt, diese für sich zu erschließen. Bestimmte Umwelten werden sofort erkannt, andere benötigen eine Informationsverarbeitung zur Verständlichkeit. So werden jene Umwelten bevorzugt, die kohärent, übersichtlich sowie gut lesbar sind und sowohl das optimale Reizniveau als auch Mystery besitzen und damit zum Erkunden/Erforschen einladen (Kaplan & Kaplan, 1989, Flade).

Was bedeutet dies aber nun im Einzelnen?
Kohärenz wird sofort erkannt und beschreibt den Zusammenhalt der Einzelkomponenten. Eine Umwelt ist dann kohärent, wenn die einzelnen Teile ineinandergreifen bzw. aufeinander bezogen sind und ein stimmiges Gesamtbild ergeben. Für die Lesbarkeit einer Umwelt bedarf es dagegen der Informationsverarbeitung. Fallen Orientierung bzw. Wegfindung und der Aufbau einer kognitiven Karte leicht, ist die Umwelt lesbar. Komplexität bezieht sich auf die „Anzahl und Vielfalt der Einzelelemente. Je zahlreicher und unterschiedlicher diese sind, desto komplexer ist die Umwelt" (Flade, 2008: 114). Eine weite, ebene Wiese, ist beispielsweise ebenso wenig komplex wie schlichte, einheitlich gestaltete Häuserfassaden.

Die Ästhetiktheorie von Berlyne liefert in diesem Zusammenhang auch einen Erklärungsansatz für Vandalismus: Werden ursprünglich monotone Betonwände mit Graffiti „verschönt", wirken sie komplexer und „reizvoller". Ein Zuviel an Komplexität kann allerdings wiederum schnell überladen wirken (Flade, 2008: 116).

Der Begriff Mystery letztendlich umschreibt alles Geheimnisvolle und Rätselhafte. Sowohl Komplexität als auch Mystery laden zum Erforschen und Erkunden ein. Allerdings darf diese Erforschung/Erkundung nichts Bedrohliches an sich haben, da sich sonst schnell das positiv Geheimnisvolle ins Negative kehrt. Stamps verbindet den Mystery-Eindruck in erster Linie mit dem Helligkeitsgrad. So wirken dunklere Umwelten in jedem Fall geheimnisvoller als helle (Stamps, 2007, Flade, 2008). Auch der Grad der Verdeckung beeinflusst den Eindruck von Mystery. Häuser, die beispielsweise von Bäumen verdeckt werden, wirken geheimnisvoller als solche, die völlig freistehen. Eine hügelige Topographie, bei der man nicht erkennen kann, was sich hinter dem nächsten Hügel verbirgt, besitzt ebenfalls mehr Mystery als eine Ebene (ebda).

Wie lassen sich nun aber Kohärenz, Lesbarkeit, Komplexität und Mystery in der Planungsrealität herstellen. Flade führt hierzu die unterschiedlichsten Gestaltungselemente an – von räumlichen Beziehungen, Formen und Proportionen über Farben, Licht und Schatten bis zu Ordnung und Einheitlichkeit (Flade, 2008).

Betrachtet man beispielsweise Gebäudeform näher, so hat man in der psychologischen bzw. kunstästhetischen Forschungsgeschichte festgestellt, dass wir Menschen runde, sanft wellige Formen geraden Linien und eckigen bzw. scharfkantigen Formen vorziehen, welche uns entwicklungsgeschichtlich an Zähne und Krallen erinnern. So werden Bögen als einladend und schön, Spitzen und Zacken hingegen als bedrohlich empfunden (Ellard, 2017). Ellard verweist in diesem Zusammenhang auch auf Experimente, die zeigen, dass die Gebäudekonturen maßgeblich zur Stimmung beitragen – von glücklich und entspannt bis ängstlich. Dies trifft neben der Gebäudeform auch auf die Wegführung zu. So werden weit ausholende, bogenförmige Wege (Mystery, Entdeckungsmöglichkeit) geradlinigen, möglicherweise sogar abrupt die Richtung wechselnden Wegen vorgezogen (ebda).

Die Bewertung von Umwelten hinsichtlich „schön" oder „nicht schön" erfolgt jedoch nicht nur aufgrund ihrer formalen Merkmale, sondern auch aufgrund ihrer Inhalte. Dies beschreibt die „Symbolische Ästhetik" von Nasar (Nasar, 1994, Flade, 2008: 120).

Warum werden beispielsweise gebaute Umwelten mit Bäumen oder auch Wasser – abgesehen davon, dass diese die Umwelten komplexer erscheinen lassen – als schöner empfunden, als solche ohne?

Weil die Natur ein Symbol für Ursprünglichkeit und das „Echte" darstellt. Deinsberger-Deinsweger führt dazu ergänzend aus, dass bei der Betrachtung des immer Gleichen auf der physiologisch kognitiven (stimulanzbezogenen) Ebene relativ schnell ein Gewöhnungseffekt eintritt. Hingegen richtet sich die Aufmerksamkeit automatisch auf alles, was „lebendig" ist. Dies bezieht sowohl Lebewesen aller Art mit ein, als auch wechselnde Lichtverhältnisse, Wetterbedingungen, Geräuschkulissen oder Pflanzen, speziell Bäume, die sich im Spiel der Jahreszeiten kontinuierlich verändern. Fazit: „Statische Schönheit verliert nach und nach an Bedeutung, Lebendigkeit bleibt interessant" (Deinsberger-Deinsweger, 2016: 75).

Zur symbolischen Ästhetik zählen darüber hinaus nach Nasar auch die individuellen, durch Erfahrung gebildeten Maßstäbe, mit denen die Eindrücke gebauter Umwelten verglichen und bewertet werden. Stimmen der individuelle innere Maßstab und die Wahrnehmung einer gebauten Umwelt überein, wird diese als positiv erlebt, eine moderate Abweichung als anregend, eine starke Abweichung möglicherweise als chaotisch (Nasar, 1994, Flade, 2008: 121 f.).

Persönlichen Erfahrungen und Sehgewohnheiten beeinflussen das ästhetische Empfinden maßgeblich. Man empfindet auf dieser persönlichen, erfahrungsbedingten Ebene jene Dinge als schön, die man mit positiven Gefühlen aus der Vergangenheit verbindet, die einem bekannt und vertraut sind (Deinsberger-Deinsweger, 2016).

Beim Thema „Wohnvergangenheit" kommt somit der Kindheit besondere Bedeutung zu. Forscher haben, wie Sven Rohde in Psychologie Heute (Rode, 2018/45:19) anführt, nachgewiesen, wie stark biografische Umwelten das spätere Erleben prägen.

Speziell die Zeit bis zum Schulbeginn formt das individuelle Empfinden für „positive" und „weniger positive" Umwelten. Die amerikanische Architekturpsychologin Clare Cooper Marcus betont, dass die psychologische Entwicklung neben wichtigen emotionalen Beziehungen zu anderen Menschen ebenso von engen Bindungen zu präferierten Umgebungen bestimmt wird (ebda).

Ergänzend zum Thema „Wohnzufriedenheit" wäre hier ebenfalls auf Antje Flade zu verweisen, wonach Wohnzufriedenheit sich dann einstellt, wenn die tatsächliche Wohnsituation mit den aus der eigenen Wohnvergangenheit bekannten und positiv erlebten Wohnsituationen übereinstimmt (Flade, 2006).

4.3.2 Ein besonderer Stellenwert; Natur in gebauten Umwelten

Zurückkommend auf die angesprochene Wirkung der Natur, verdient diese eine nähere Betrachtung. Erwiesenermaßen kann „Natur Schmerzen lindern, Mut machen und heilen", so Colin Ellard, der betont, dass diese Verbindung tief im menschlichen Körper eingeschrieben ist und auch heute noch unser Verhalten an Orten ebenso beeinflusst (Anziehung/Abstoßung) wie unsere Gefühle, unser Stressempfinden, ja sogar unser Immunsystem (Ellard, 2017: 38). Dass Menschen die Natur schöner empfinden, als die gebaute Umwelt, sieht Antje Flade in der Evolution begründet. So hat die Natur für unser Überleben gesorgt bzw. uns mit allem versorgt, was zum Überleben nötig war. Natur löst daher bei den meisten Menschen positive Emotionen aus, da sie ein Höchstmaß an „Gefallen" und ein „mittleres Maß an Komplexität" bietet (Flade, 2018: 46 f.).

Der US-amerikanische Geograf Jay Appleton bezieht sich auf den evolutionären Zusammenhang, wenn er von „prospect and refuge" spricht und damit zum Ausdruck bringt, wie wichtig es für den Menschen ist, eine gute Sicht zu haben und dabei nicht selbst gesehen zu werden, respektive einen Zufluchtsort zu haben (Ellard, 2017). Dies erklärt auch das Verhalten der Menschen in Restaurants oder auf öffentlichen Plätzen; man sucht sich intuitiv den Platz aus, der die beste Sicht und gleichzeitig den bestmöglichen (Sicht)Schutz bietet.

Evolutionär bedingt dürfte ferner die „Savannenhypothese" sein, nach der wir Menschen offenbar „von jener Umwelt angezogen fühlen, in der unsere ostafrikanische Gründerpopulation wahrscheinlich gelebt hat und die unser Überleben gesichert hat" (ebda).

So mögen wir heute noch „Bäume in lockeren Gruppen" und finden „breite niedrige Baumkronen, die guten Schutz bieten, und dicke Stämme schön" – ähnlich den in der afrikanischen Savanne vorkommenden Akazien (ebda). Entsprechend der „prospect and refuge"-Theorie weist somit auch die „Savannenhypothese" darauf hin, dass wir Umwelten bevorzugen, die schon zur „Urzeiten" unsere Überlebenschancen vergrößert haben.

Wie Reichl betont, kann Natur – eingebunden in das Wohnumfeld, die Wohnung, beim Blick aus dem Fenster oder bei Freizeitaktivitäten im Freien – einen Ausgleich zu Stressfaktoren wie Lärm, Beengtheit, Dichte oder Reizüberflutung bilden. Bei der Planung zu berücksichtigen wären dabei sowohl der Blick aus dem Fenster in die Natur als auch eine leichte fußläufige Erreichbarkeit (Reichl, 2014). So hat eine Studie des Helmholtz-Zentrums für Umweltforschung (UFZ) des Deutschen Zentrums für integrative Biodiversitätsforschung (iDiv) der Universität Leipzig (UL) und der Friedrich-Schiller-Universität Jena ergeben, dass Straßenbäume im direkten Lebensumfeld (unter 100 m Entfernung) das Risiko für Depressionen und den Bedarf an Antidepressiva in der Stadtbevölkerung reduzieren könnten (AFNB – Feb 10, 2021).

Durch die Einbindung der Natur ins Wohnumfeld bauen Menschen zudem soziale Spannungen, Konflikte und Aggressionen ab – die Qualität des Zusammenlebens wird gefördert (ebda). Ellard verweist auf zahlreiche Studien, nach denen vieles darauf hindeutet, dass die natürliche Umgebung nicht nur die seelische und körperliche Gesundheit unterstützt, sondern auch die Nachbarschaftsbeziehungen verbessert und ganz allgemein für ein besseres und sichereres Leben sorgt (Ellard, 2017). Speziell für die kindliche Entwicklung ist das Vorhandensein von Natur im Wohnumfeld von besonderer Bedeutung. Auch Wells und Evans haben nachgewiesen, dass Vegetation in der Wohnumgebung die Bewältigung stressreicher Lebensereignisse unterstützt und deren negative Auswirkungen auf das Selbstwertgefühl von Kindern mildert (Wells & Evans, 2003, Reichl, 2014). Natur unterstützt neben ihrer positiven Wirkung auf unsere Gefühlswelt und damit auch unser Zusammenleben auch die Gesundheit respektive Genesung. Dem Forscher und Architekturprofessor Roger Ulrich (Texas A&M University) gelang es im Jahr 1984 zu belegen, dass Krankenhauspatienten, die von ihrem

Bett aus einen Blick auf Wiese und Bäume werfen konnten, weniger Schmerztabletten benötigten und rascher gesundeten als jene Patienten, die nur Betonwände im Blickfeld hatten (Ellard, 2017).

4.4 Räumliches Verhalten; Personal Space & Territorialität

Wieviel „Freiraum" Menschen benötigen bzw. haben, hängt teilweise auch von den räumlichen Gegebenheiten ab. „Personal space" und „Territorialität" sind hierbei die bestimmenden Faktoren.

Menschen sind bemüht, einen räumlichen – individuell definierten – Abstand zu anderen einzuhalten. Dieser „personal space" umfasst „den den Körper umgebenden, emotional aufgeladenen Bereich, der eine unsichtbare Grenze bildet (...)" (Sommer, 2002, Flade, 2008: 23). Flade sieht die Funktion des „personal space" in erster Linie in der Kontrolle. So bewahrt räumliche Distanz vor unerwünschten Berührungen und schenkt Sicherheit. Das Nicht-Einhalten dieser Distanz hat negative emotionale Reaktionen bzw. Stress zur Folge. Den subjektiv passenden Abstand bestimmen die Art der Beziehung, die jeweilige Situation aber auch Mentalität, Kultur, Alter und Geschlecht (Bel et al., 2001). Hall unterscheidet vier unterschiedliche Distanzen: die intime (bis 45 cm), die personale Distanz (45 – 120 cm), die soziale (1,20 – 3,60 m) und die öffentliche Distanz (3,60 – 7,50 m). Erlaubt die intime Distanz körperliche Kontakte oder auch kämpferische Aktivitäten, kennzeichnet die personale Distanz Kontakte zwischen engen Freunden und Bekannten. Die soziale Distanz wird bei unpersönlichen oder geschäftlichen Kontakten und die öffentliche Distanz beispielsweise im Kontext „Redner – Zuhörer" eingehalten (Hall, 1979).

Wie individuell der spezifische Abstand gewählt wird, lässt sich auch in den unterschiedlichen Kulturen beobachten. So haben Menschen in mediterranen Ländern weniger Distanzbedürfnis als Personen in nördlicheren Gefilden. Hinsichtlich Geschlecht und Alter ist zu beobachten, dass Männer in der Regel einen größeren Abstand einhalten als Frauen und bei Kindern der Distanzwunsch ab dem sechsten Lebensjahr kontinuierlich zunimmt (ebda). Für die Planung von Wohnumwelten ist das „Personal space-Konzept" nach Sommer insofern relevant, als es unter anderem Richtlinien für die Anordnung von Sitzgelegenheiten beispielsweise im öffentlichen Raum gibt (Sommer, 2002).

Territorien hingegen sind – anders als der personal space, der an den Körper einer Person gebunden ist – räumlich fixiert und unterscheiden sich hinsichtlich des Zeitraumes ihrer Nutzung, der persönlichen Bedeutung für den Nutzer und die

Nutzerin, dem Maß von Personalisierung und Einflussnahme sowie der Reaktion auf Übergriffe bzw. unbefugte Inanspruchnahme (Brown, 1987; Flade, 2008). Territorien lassen sich also anhand verschiedener Merkmale wie Ausdehnung, Lage, zeitliche Dauer, soziale Bezugseinheit etc. einteilen. Ein Territorium entsteht, wenn eine kontinuierliche Verbindung zwischen einer Person und einem fest abgegrenzten Gebiet besteht (Miller, 1990). Auf dieser Grundlage lässt sich zwischen primären (eigenes Zimmer oder eigene Wohnung), sekundären (zeitweilige, zweckgebundene Nutzung) und tertiären bzw. öffentlichen Territorien (Innen- wie Außenräume für kurzzeitige Nutzung) unterscheiden. Während eine Wohnung eine starke Personalisierung aufweist und unerlaubtes Eindringen als Übergriff angesehen wird, ist die Personalisierung eines Klassenzimmers, einer Kindertagesstätte, eines Tennisplatzes oder eines Gemeinschaftsraums in Wohnanlagen begrenzt auf die Dauer der Nutzung. Diese sekundären Territorien werden nur für kurze Zeiträume genutzt und sind unterschiedlichen Menschengruppen zugänglich. Die Verteidigung eines sekundären Territoriums ist damit zumeist auch auf diesen Zeitraum beschränkt. Öffentliche Territorien, wie städtische Plätze, Straßen, Parks, Markthallen oder Bushaltestellen sind uneingeschränkt begehbar und werden im Allgemeinen lediglich für sehr kurze Zeit betreten bzw. oftmals auch nur durchquert (Flade, 2008). Sie weisen keine Personalisierung auf und werden damit auch kaum verteidigt (ebda). Klare territoriale Abgrenzungen sorgen für Verhaltenssicherheit und helfen, Aggressionen abzubauen (Reichl, 2014).

4.5 Privatheit

Die Frage der Privatheit geht über die Regulierung der körperlichen Nähe hinaus. Nach Westin, (1967 & 2003, Flade, 2008:133 .) ist Privatheit dann gegeben, „wenn man sich zurückziehen und alleine sein kann, als Person oder Paar unbeobachtet ist, in der Öffentlichkeit unerkannt bleibt und sich durch Errichten psychologischer Barrieren (z. B. durch Abwenden) vor unerwünschter Nähe schützen kann." Beim Wohnen bezieht sich Privatheit auf die Kontrolle von sozialen Beziehungen, wobei räumlich-bauliche Maßnahmen wie beispielsweise Wände, hohe Hecken und Zäune, geschlossene Türen, Vorhänge etc. die Umsetzung dieser Kontrollmaßnahmen ermöglichen (Flade, 2008: 132).

Bei Privatheit unterscheidet man zwischen akustischen und visuellen Modalitäten. Schutz vor ungewollter Beobachtung oder Lärm bzw. die Möglichkeit des ungestörten Redens sind maßgebliche Richtlinien in der Planung gebauter Umwelten.

Ein Mangel an Privatheit in einer Wohnung bzw. einem Haus stellt oftmals eine große Belastung dar, führt zu Stress und übt einen negativen Einfluss auf Wohlbefinden, Lebensqualität und Gesundheit aus (Flade, 2008). Privatheit wird hergestellt, indem man den Kontakt auf das individuell optimale Ausmaß regelt, wobei sich das Privatheitsbedürfnis je nach Zeitpunkt, Situation und Lebenslage ändern kann (Reichl, 2014). Privatheit dient demzufolge dem Rückzug, der emotionalen und kognitiven Erholung aber auch der Vermeidung von Konflikten.

Bei den Formen der Privatheit unterscheidet man zwischen dem Alleinesein, der Intimität (engen sozialen Beziehungen) mit vertrauten Personen, der Anonymität in der Öffentlichkeit und der Reserviertheit – den psychologischen Barrieren gegen unerwünschte Nähe (beispielsweise Vermeidung des Blickkontaktes). Isolation stellt den Wunsch nach Privatheit in ausgeprägter Form dar (Reichl, 2004: 130). Ziel ist es, dadurch ein gewisses Maß an Alleinsein, Intimität, Ruhe, Schutz vor Einblicken und anderen Störfaktoren zu schaffen (Flade, 2006; Bär, 2008). Dieses Bestreben nach Rückzug und Privatsphäre ist jedoch nicht an jedem Ort innerhalb einer Wohnung im gleichen Ausmaß ausgeprägt. Flade (2006) spricht diesbezüglich von einem „Privatheitsgradienten". Dieser ist durch einen fließenden Übergang zwischen einzelnen Räumen einer Wohnung gekennzeichnet. Im Eingangsbereich eines Heims, welcher die Schwelle zur öffentlichen Außenwelt darstellt, ist der Wunsch nach Privatheit noch nicht in dem Maße vorhanden, wie dies in Gemeinschaftsbereichen wie Wohn- und Esszimmer oder, als höchste Stufe des Privatheitsgradienten, in Individualräumen wie Kinder- oder Schlafzimmern der Fall ist. Im Sinne eines harmonischen Zusammenlebens sind auch in der (Familien)Wohnung individuelle private Rückzugmöglichkeiten immens wichtig[1].

4.5.1 Zonierungen

Unabdingbar fürs Wohn-Wohlgefühl ist nach Deinsberger-Deinsweger die Zonierung der einzelnen Bereiche eines Wohnumfeldes. So gibt es aus wohnpsychologischer Sicht nicht nur private und öffentliche, sondern auch halbprivate, halböffentliche und öffentliche Bereiche – vom Wohnungsinneren bis ins erweiterte Wohnumfeld (Deinsberger-Deinsweger, 2007). Die Privatheit bzw. der Anspruch

---

[1] Das eigene Zimmer wurde in der westlichen Welt allerdings erst in den vergangenen Jahrhunderten durch das „Bildungsbürgertum" und den Wohlstand in der „zivilisierten" Welt zur Selbstverständlichkeit. So gab es beispielsweise in den Bauerhöfen in früheren Zeiten den Alkoven (eine Art Bettnische) als einzigen privaten Rückzugsbereich. Alle anderen Flächen im Haus waren Gemeinschaftsräume (Linke, 2010: 28).

an Privatheit nimmt vom Wohnungsinneren bis zu den öffentlichen Freiflächen kontinuierlich ab. Jede Zone für sich muss unterschiedliche Anforderungen erfüllen, um ihren Teil zur Wohnqualität beizutragen:

Die private Zone umfasst alle Innenräume einer Wohnung mit den dazugehörigen Freibereichen (Terrasse, Balkon oder Eigengärten) und ist dadurch gekennzeichnet, dass sie für Außenstehende nur nach Erlaubnis und Aufforderung des Bewohners bzw. der Bewohnerin betretbar ist. Sie beinhaltet persönliche Bereiche – die einer Person zugeordneten Zimmer – oder auch nur Nischen/Plätze, Intimitätsflächen wie Bad, WC, Schlafplatz und gemeinschaftlich genutzte Flächen (Wohnzimmer, Gang, Garderobe etc.)

Die halbprivate Zone ist der Wohnung vorgelagert und bildet den Übergang zu den (halb)öffentlichen Bereichen. Sie sollte von außen einsichtig sein (Schutz vor Einbrechern und Einbrecherinnen) und von den Bewohnern nach eigenem Belieben gestaltet werden können. Idealerweise ist die Zone auch „Kommunikationsfläche" mit den Nachbarn und Nachbarinnen.

Die halböffentliche Zone ist für jeden zugänglich, wird aber in erster Linie von den Bewohnern der Anlage genutzt. Diese Zone kann verkehrsberuhigte Wohnstraßen und Vorbereiche, Spielplätze, Sitzgelegenheiten und dergleichen mehr beinhalten. Sie ist die primäre Kontaktzone mit der Nachbarschaft und steht daher auch unter „sozialer Kontrolle". Gemeinschaftsbereiche sind nur für eine, klar definierte Gruppe (z. B. Bewohner eines Mehrparteienhauses in einer Anlage) zugänglich. Dabei handelt es sich um Räume für soziale Interaktion oder die gemeinsame praktische Nutzung wie beispielsweise Fahrradkeller, Gänge, Stiegenhaus oder Waschküche. Auch diese Räume sollen einladend gestaltet sein und zum Verweilen einladen.

Die öffentliche Zone ist frei zugänglich und unterliegt keiner Zutrittsbeschränkung. Dabei handelt es sich um Straßen, Plätze, Parks, Sportstätten etc. Öffentliche Bereiche sollten nach Deinsberger-Deinsweger (2007) auch öffentlich kontrollierbar sein.

Neben der Möglichkeit zum privaten Rückzug sollten es die baulichen Strukturen einer Wohnstätte auch ermöglichen, sich schrittweise zurück in die Öffentlichkeit bzw. in das Wohnumfeld zu begeben. Harloff & Ritterfeld (1993) betonen, dass neuere Siedlungs- und Wohn-blockkonzepte eine Kombination aus Privatheit und baulichen Kontakt- und Kommunikationsbereichen anstreben. Es gilt, eine Balance zwischen öffentlichen und privaten Bereichen zu finden, wobei das Ziel eine Wohnumwelt ist, die einerseits zur Kommunikation animiert und andererseits den Wunsch nach Privatsphäre nicht verletzt.

Von Relevanz sind in diesem Zusammenhang daher die sogenannten Übergangszonen („defensible space") zwischen dem privaten, inneren Bereich einer

Wohnung und der Außenwelt (Bär, 2008), die eine Art Puffer zwischen diesen beiden Zonen bilden und deshalb eine wichtige regulierende Funktion innehaben. Sie ermöglichen den besagten schrittweisen, kontrollierten Gang in die Öffentlichkeit (z. B. von der Wohnung auf die Terrasse, in den Garten und schließlich auf die Straße). Im Gegensatz dazu werden extreme Übergänge ohne Zwischenbereiche als äußerst negativ erlebt, wie z. B. Reihenhäuser ohne Vorgarten mit direkter Lage an einer stark befahrenen Straße (Harloff et al., 1993).

Tritt man von der Straße übergangslos ins Wohnzimmer, leiden „Privatheit" und damit Wohnqualität darunter. Gerade im Geschoßwohnbau mangelt es aber nicht selten an „vermittelnden Übergangsbereichen", was auf die „Reduktion des sozialen Wohnbaus auf die Leistbarkeit" zurückzuführen ist (Reichl, 2014: 149).

Die Einrichtung von Übergangszonen wird mit steigender Anzahl an Wohneinheiten auch immer schwieriger. Weist ein Wohngebäude mehr als neun Parteien auf, beginnt die Qualität der Zwischenbereiche stark abzunehmen. Je mehr Wohneinheiten in einem Gebäude existieren, desto weniger fühlen sich die Bewohner in Folge für das, was außerhalb ihrer eigenen vier Wände passiert, verantwortlich (Bär, 2008).

Zu den gesund- bzw. krankmachenden Faktoren zählen in diesem Kontext fehlende Privatheit ebenso wie im umgekehrten Fall fehlende Kontakte, die schnell zu Einsamkeit führen. Ellard weist in diesem Zusammenhang auf die besondere Ironie hin, dass dieselben Aspekte, mit denen sich Stadtbewohner beispielsweise vor neugierigen Blicken schützen, für eines der großen psychischen Probleme in Großstädten verantwortlich sind, nämlich die Einsamkeit (Ellard, 2017).

Isolation bringt nach Deinsberger-Deinsweger „auf allen Ebenen menschlichen Daseins Einschränkungen mit sich". So gesehen „kann Isolation je nach Art, Dauer und Ausmaß die aktuellen Befindlichkeiten eines Menschen beeinträchtigen (…) und in extremer Ausformung sogar sein (Über)Leben gefährden" (Deinsberger-Deinsweger, 2007: 203).

4.6 Umweltkontrolle und Umweltaneignung

Fischer & Stephan erklären Umweltkontrolle mit dem Wunsch des Menschen, seine Umwelt und die damit in Zusammenhang stehenden Ereignisse beeinflussen, erklären und vorhersagen zu können. Umweltkontrolle bedeutet somit einerseits, sich der Umwelt nicht hilflos ausgeliefert zu fühlen, und andererseits, diese nach den persönlichen Vorstellungen und Aktivitäten verändern zu können – von der individuellen Anpassung und Gestaltung bis zur Kontrolle der Umweltparameter wie Licht/Beschattung, Temperatur, Lüftung. Damit hängen Umweltkontrolle und Umweltaneignung eng zusammen. (Fischer & Stephan, 1996, Flade, 2008). Nach Graumann gibt es auch Aneignungsformen, die keine äußeren Spuren hinterlassen, wie beispielsweise die sensitive Erforschung des Raumes. Das Hinterlassen persönlicher Gegenstände wie Möbel oder auch die farbliche Veränderung eines Raumes werden hingegen als Umweltaneignung bezeichnet (Graumann, 1996; Bechtl, 1997, Flade, 2008). Die Gestaltung des Umfeldes nach dem inneren Konzept begründet sich aus dem Bedürfnis des authentischen Selbstausdrucks und jenem, im Zuhause Sicherheit, Erholung und Geborgenheit als Teil der Lebenserfüllung zu erfahren (Linke, 2010: 13). Walden (1993) betont diesbezüglich, dass ein grundlegendes menschliches Bedürfnis existiert, einen Raum „zu besetzen" und diesen sich selbst nach seinen eigenen Wünschen anzupassen, um ein gewisses Maß an Zugehörigkeit, Identität und Personalisierung des Wohnbereiches zu erfahren.

Selbst in den kargsten Umgebungen sind Menschen bestrebt, ihrem Zuhause etwas Persönliches zu verleihen. So zeichnen sich sogar Slums durch ihr buntes Durcheinander an Farben und Materialien aus (Ellard, 2017). Besteht keine Möglichkeit, der Umwelt den „persönlichen Stempel aufzudrücken", kann einerseits das Interesse an dieser Umwelt verloren gehen oder, die Aneignung in sozial unerwünschter Form erfolgen wie beispielsweise in Form von Graffiti oder Vandalismus.

4.7 Ortbindung und –identität

Unter Ortsbindung versteht man die emotionale Verbundenheit mit einem Ort (Bär, 2008).

„Durch Ortsbindung bietet das Zuhause Beständigkeit, zeitliche Kontinuität und eine persönliche Identität. Unser Zuhause wird zum Symbol unserer persönlichen Geschichte (…) Das verstärkte Bedürfnis nach einem Zuhause ist also auch als soziale Reaktion in einer Welt der Entwurzelung zu sehen. Wenn wirtschaftliche und politische Sicherheiten wegfallen, dann brauchen wir umso mehr die räumliche Verankerung" (Reichl, 2014: 45). Für Flade spielt sich Ortsverbundenheit auf der emotionalen Ebene ab. „Emotionale Ortsbindung entsteht eher in ruhigen und sicheren Wohngegenden, wenn die Gebäude ästhetisch ansprechend und von ausreichend Natur umgeben sind und wenn ausreichend nachbarliche Kontakte vorhanden sind" (Flade, 2006, Reichl, 2014: 46). Diese Faktoren fördern

4.7 Ortbindung und -identität

die „Identifizierung mit der räumlichen Umwelt", die ein „emotionales Zugehörigkeitsgefühl" zu einer bestimmten räumlichen Umgebung beinhaltet (Moser, 2009).

Nach Hidalgo & Fernandez (2001) können sich Menschen mit Umwelten unterschiedlichster Arten und Größenordnungen verbunden fühlen. Ortsbindung kann sich somit auf verschiedene Bereiche beziehen, wie beispielsweise auf einen einzelnen Wohnraum, auf die Wohnung, das Wohngebäude, die direkte Wohnumwelt, einen ganzen Stadtteil, die Stadt bis hin zu einem Land oder Erdteil (Miller, 1998.

Umweltpsychologin Lynne C. Manzo definiert unterschiedliche Gründe für diese emotionale Verbundenheit: Beginnend bei einer langen Verweildauer und damit Verwurzelung über die Assoziation des Ortes mit angenehmen Erlebnissen und den hier lebenden Menschen bis hin zum Gefühl der Sicherheit und Geborgenheit, das diese Umwelt vermittelt. Ortsverbundenheit tritt für Manzo auch ein, wenn man die Umwelt als ansprechend/anregend empfindet und/oder die Freiheit hat, sich diese Umwelt anzueignen bzw. diese nach persönlichen Vorstellungen zu gestalten (Manzo, 2003). Die Bindung an die räumliche und soziale Umwelt ist also durch Merkmale wie Beständigkeit, Dauerhaftigkeit, Vertrautheit und Qualität gekennzeichnet. Ortsbindung unterstützt das Entstehen von sozialen Beziehungen, fördert die Kommunikation und Motivation, die Kreativität und damit letztendlich Wohlbefinden und Gesundheit. Flade) definiert Ortsverbundenheit als ein „Phänomen der gefühlsmäßigen Anhänglichkeit von Menschen an einen Ort" (Flade, 2006: 30). Der Ort „gehört" zu einer Person und wurde von ihr angeeignet und personalisiert. Eine positiv empfundene Ortsbindung zeigt sich auch in der Bereitschaft, für das Wohnumfeld Verantwortung zu übernehmen. Ortsbindung ist daher auch durch eine geringe Tendenz zu Umzug und Wegzug gekennzeichnet und kann mit dem Bestreben verbunden sein, die Gegebenheiten des Ortes noch weiter zu verbessern.

Ortsidentität wiederum kann auch als Teil des Selbstbildes gesehen werden (Flade, 2008).

Reichl führt dazu aus, dass es in einer Welt des raschen Wandels immer wichtiger wird, einen Ort als Zuhause zu empfinden; einen Ort, an dem man emotional auftanken kann, der das Bedürfnis nach Stabilität und „Heimat" befriedigt. Da der Aufbau einer Ortsbindung und -identität seine Zeit braucht, wird es gerade für ältere Personen schwierig, das gewohnten Umfeld zu verlassen und sich an einem neuen Wohnort zu „verankern" (Reichl, 2014).

4.8 Stress oder, wenn Wohnen zur Belastung wird

Hellbrück & Fischer definieren Stress als „einen psychischen Zustand, der als stark unangenehm empfunden wird und infolge von Überlastung und/oder Überforderung auftritt" (Hellbrück & Fischer, 1999: 138 f.). Schönpflug erklärt, dass der Mensch eine doppelte Anpassungsleistung vollbringt, um sein Leben, sein Wohlbefinden und seine Gesundheit zu sichern. Auf der einen Seite passt er die Umwelt an seine Bedürfnisse an, indem er äußere Ressourcen verbessert (z. B. Steigerung der Ernteerträge), Risiken und Hindernisse abbaut (z. B. Ausrottung von Krankheitserregern) und Unterstützung und Hilfen gewinnt (z. B. soziale Unterstützung, Schutz vor fremden Einflüssen). Auf der anderen Seite muss der Mensch seine eigenen Fähigkeiten und Kenntnisse anpassen bzw. erweitern, um eine Umgestaltung der Umwelt bewerkstelligen zu können. Sind die eigenen Fähigkeiten nicht ausreichend oder nehmen Hindernisse und Risiken immer mehr zu, so kommt es zum Stocken oder gar Stillstand von Anpassungsprozessen. Diese Anpassungskrise wird als Stress bezeichnet. Stammen die Auslöser dieses Zustandes aus der Umgebung, spricht man von Umweltstress. Solche Auslöser für Umweltstress können aus allen Bereichen der geographischen, technischen und sozialen Umwelt resultieren (Schönpflug, 1990).

Alle inneren und äußeren Reize, die Stress verursachen und den betroffenen Menschen zur Reaktion auf diese Herausforderungen oder Gefährdungen veranlassen, werden als Stressoren bezeichnet. Im Bereich der gebauten Umwelt stellen ungünstige bauliche Bedingungen wie eine zu hohe Wohndichte, Lärm, Luftverschmutzung, schlechtes Raumklima, mangelnde Sicherheit, Beengtheit, falsch dimensionierte Räume oder ungünstige Grundrisse bedeutsame Umweltstressoren dar, die nahezu dauerhaft auf die Menschen und ihre Umgebung einwirken und diese beeinträchtigen können (Flade, 2006).

Reichl definiert im Wohnbereich zwei unterschiedliche Arten von Stress, einerseits den dauerhaft bestehenden wie beispielsweise Straßenlärm, schlechte Luft oder Unsicherheit und andererseits den periodisch auftretenden Stress – möglicherweise in Form lärmender Nachbarn (Reichl, 2014). Die richtigen baulichen Maßnahmen tragen jedoch oftmals dazu bei, Hellhörigkeit zu vermindern und eine ruhige Wohnlage zu gewährleisten (Flade, 2008). So wird die Umwelt als weniger ungünstig, hinderlich oder sogar bedrohlich erlebt und der Entstehung von Stress vorgebeugt.

4.8.1 Reaktionen auf Umweltstress

Je eher wir in der Lage sind, unsere Umwelt selbst zu gestalten und zu regulieren, desto besser gelingt es auch, die eigenen Gedanken und Emotionen zu regulieren. Durch das Gefühl der individuellen Umweltkontrolle entsteht Selbstwirksamkeit (Reichl, 2014).

Nach Schönpflug schätzt der Mensch in einer ersten Phase die Bedrohlichkeit der Stressoren ein. In Phase zwei schätzt er die Möglichkeiten ein, mit diesen Herausforderungen nicht nur fertig zu werden, sondern diese auch positiv zu verändern.

Ergibt die Einschätzung, dass man nicht in der Lage ist, die widrigen Umstände zu verändern, bzw. wenn auch Anpassungsanstrengungen keinen Erfolg zeigen, verstärkt sich naturgemäß dieser Stress (Schönpflug 1996, Flade2008:143). Typische Begleiterscheinungen von Stress sind emotionale, vegetative und hormonelle Reaktionen. Dauerhafter Stress und ergebnislose Bemühungen, diesen Stress zu bewältigen, führen letztendlich zu Kontrollverlust, Resignation und Erschöpfung oder auch zu psychosomatischen Beschwerden (Evans & Cohen, 1987, Flade, 2006:144).

Bei den Strategien zur Stressbewältigung lassen sich die Konfrontations- und die Vermeidungsstrategie unterscheiden (Greitemeyer et al., 2005). Bei der Konfrontationsstrategie versucht die betroffene Person, den Stress erzeugenden Umstand aktiv zu beheben; in der Vermeidungsstrategie geht sie diesem – soweit möglich – aus dem Weg. Man spricht dann von einer „passiven Form der Reaktanz".

Besonders stressgefährdet sind Kinder, da sie den Belastungen schwerer ausweichen können als erwachsene Personen (Flade, 2008). Stress kann, wie in einer Studie der Charité nachgewiesen wurde, sehr wohl auch die „Aktivität von Genen beeinflussen und sogar zu individuellen Strukturveränderungen des Erbmaterials führen", da sich das Erbgut mit dieser „epigenetischen Veränderung" an die Umwelt-Anforderungen anpasst (Medizin Aspekte, 2019).

4.8.2 Stressoren im Wohnumfeld

4.8.2.1 Stress durch Lärm

Flade definiert Lärm als „Schalleinwirkungen, die als lästig und aversiv erlebt werden und die Gesundheit, das Wohlbefinden, die Leistungsfähigkeit und das Zusammenleben negativ beeinflussen" (Flade, 2008: 146 f.). Stress durch Lärm hängt jedoch nicht alleine von akustischen Merkmalen (Frequenzverteilung,

Schalldruck), sondern auch von Faktoren wie der Tageszeit, der jeweiligen Situation, der individuellen Lärmempfindlichkeit, der Akzeptanz oder Nicht-Akzeptanz der Lärmquelle und der zeitlichen Absehbarkeit der Lärmbelästigung ab. Die Reaktionen auf Lärm sind ebenso individuell und reichen im emotionalen Spektrum von Nervosität und Ärger über Konzentrationsschwäche bis hin zur Verringerung der Wohnzufriedenheit. Als physische Reaktionen können Schlafstörungen, Kopfschmerzen, Herzrhythmusstörungen oder auch Depressionen und ein Ansteigen des Blutdrucks beobachtet werden (ebda). Auf Kinder wirkt sich Lärm sogar entwicklungsstörend aus. So beeinträchtigt ständiger Lärm nicht nur die Sprachentwicklung und die Lesekompetenz, sondern beeinflusst auch die kognitive Entwicklung negativ (Reichl, 2014). Schränkt in erster Linie Verkehrslärm die Lebensqualität ein, kann sich auch Lärm, verursacht durch Nachbarn, höchst negativ auf die Psyche auswirken und beinhaltet somit großes Konfliktpotential.

Sowohl ein Zuviel als auch ein Zuwenig an Reizen kann Stress bedeuten. Lärm wird als Stress empfunden, völlige Stille jedoch kann jedoch als belastend empfunden werden. Daher ist davon auszugehen, dass es für jede Sinneswahrnehmung eine individuelle Reizschwelle gibt, an der Reize als Stress empfunden werden (Reichl, 2014).

4.8.2.2 Stress durch Beengtheit

Neben unerwünschten Schalleinwirkungen zählt Platzmangel bzw. fehlender persönlicher Freiraum zu den häufigsten Stressfaktoren. Die objektive und die erlebte Dichte müssen allerdings nicht identisch sein. Sie hängen vom individuellen Empfinden und der jeweiligen Situation ab.

So bedeutet eine hohe Dichte (Verhältnis der Raumgröße zu den darin befindlichen Personen) nicht automatisch, dass sich Menschen auch beengt fühlen. Was in einer Straßenbahn möglicherweise als eng erlebt wird, ist bei einem Discotheken-Besuch nicht nur ganz selbstverständlich, sondern sogar Teil des hier erwarteten Raumgefühls. Die „erlebte Dichte" (crowding) wird nach Stokols als „Engeerleben, Beengtheit, Engegefühl oder Engestress (…)" empfunden (Stokols, 1976: 49 ff.). Engestress wird dann erlebt, wenn es zu Kontrollverlust kommt, Verhaltenseinschränkungen entstehen oder Aktivitäten aufgrund der Anwesenheit anderer nicht möglich sind (Schulz-Gambard, 1996; Gifford, 2007, Flade, 2008). Die häufigsten Reaktionen auf Beengungsstress sind Aggression oder sozialer Rückzug (Reichl, 2014). Reichl ergänzt den Begriff „Beengung" noch durch „Reizüberflutung", die dann entsteht, wenn die Reize aus der Umwelt so überhandnehmen, dass sie die Grenze der möglichen Kontrolle oder Verarbeitung

4.8 Stress oder, wenn Wohnen zur Belastung wird 45

überschreiten. Beispiele dafür wären das Aufeinandertreffen unterschiedlichster Lärmquellen (Gespräche, Musik, Straßen- bzw. Baulärm) oder Farb- und Bewegungsirritationen (blendende Lichter, schnelle Bewegungen) (ebda). Auch wenn die identen Raumanordnungen in verschiedenen Situationen unterschiedlich wahrgenommen werden, gibt es dennoch Raumbedingungen, die grundsätzlich ein Gefühl der Beengung beeinflussen und verstärken (Cording, 2007). Dazu zählen geringe Deckenhöhen, dunkle Farben und Monotonie. Andererseits können Fenster, die einen weiten Ausblick eröffnen, und Türen Distanzbedürfnisse erfüllen. Wohnungen in höher gelegenen Etagen wirken allein durch ihre größere Blicktiefe geräumiger und rechteckige Räume erscheinen größer als quadratische. Auch die Einflüsse von Temperatur, Lärm, Geruch, Beleuchtung und Luftqualität können je nach Intensität und individueller Wahrnehmung bzw. Beurteilung das Gefühl der Beengung beeinflussen (ebda).

Wohndichte

Miller (1998) beschreibt, dass die räumliche Dichte einen wichtigen Einflussfaktor darstellt, ob sich ein Mensch in seiner Wohnung und seiner Wohnumgebung wohlfühlt oder nicht. Die Wohndichte beschreibt die Anzahl der Bewohner in einem bestimmten geographischen Raum. Es existieren unterschiedliche Dichtemaße, je nachdem auf welchen „Raum" sich die Zahl der Bewohner bezieht. So wird beispielsweise zwischen Bevölkerungsdichte (Zahl der Einwohner pro Quadratkilometer), Wohndichte im Stadtteil (Zahl der Personen pro Hektar Bauland), Wohndichte bezogen auf das Wohngebäude (Zahl der Bewohner pro Gebäude) oder Belegungsdichte (Zahl der Personen pro Wohnung, Wohnfläche pro Person) unterschieden (Flade, 2006). Wohnungen werden dann als beengend empfunden, wenn, Geräusche der Mitbewohner lästig erscheinen (Musik, Kinderspiel, TV, Haushalt…), man sich nicht alleine zurückziehen kann (stattdessen in Kontakt sein muss), die Kontrolle über das Geschehen in der Wohnung verliert und/oder man sich nicht auf seine Tätigkeiten (Lernen, Arbeiten, …) konzentrieren kann. Die Folgen solchen Engstresses zeigen sich in Form familiärer Disharmonie (häufigen Auseinandersetzungen) oder auch in möglichem Reaktanzverhalten.

(Meiden der Wohnung) und bei Kindern in Konzentrationsschwäche, schlechteren Schulleistungen bis hin zu Verhaltensstörungen (Flade, 2006, Reichl, 2014).

Die Wohndichte kann in den verschiedenen Wohngebietstypen sehr stark schwanken. So ist die Dichte in Gegenden mit vielen Einfamilienhäusern oft sehr gering, da die Grundstücksflächen relativ großräumig gestaltet sind. Das komplette Gegenteil wird häufig bei Großwohnsiedlungen und mehrstöckigen Wohngebäuden ersichtlich – hier besteht oftmals eine sehr hohe Wohndichte. Dieser Umstand fördert das Empfinden von Beengtheit und Engegefühl, was vielmals negative Bewertungen solcher Gebäudeformen nach sich zieht. Eine sehr hohe Wohndichte wirkt sich häufig auch ungünstig auf soziale und nachbarschaftliche Kontakte aus, denn Menschen halten sich vorwiegend an ästhetisch ansprechenden, angenehmen Orten auf, umgeben von einer positiv empfundenen baulichen Um- und Außenwelt. Ist der notwendige Platz jedoch dafür nicht vorhanden, wirkt sich dies negativ auf das soziale Leben in Außenbereichen aus (ebda).

Auch die Lage eines Hauses in einer Wohnsiedlung übt Einfluss auf das Wohlbefinden der Bewohner und auf das soziale Zusammenleben aus. Eine Untersuchung von Harloff & Ruff (1993) zeigt, dass die Bewohner im Zentrum einer Wohnsiedlung, die aufgrund der Wohnlage ihres Hauses eine wesentlich höhere räumliche Dichte erleben, die Wichtigkeit einer gegenseitigen Rücksichtnahme aller Bewohner untereinander betonen. Jene Bewohner die am Rand der Wohnsiedlung leben, berichten deutlich weniger oft über ein Gefühl der Beengtheit. Harloff & Ruff stellten außerdem fest, dass insbesondere Männer großen Wert auf eine geringe Bewohnerdichte legen. Sie berichteten öfter über ein erhöhtes Gefühl an Beengtheit, als dies bei Frauen der Fall war.

Harloff & Ritterfeld weisen in diesem Zusammenhang auf die Problematik hin, dass einerseits eine große Anzahl von Menschen nach wie vor das Leben in einem Einfamilienhaus bevorzugt, andererseits die Landschaften dadurch zunehmend zersiedelt und verbaut werden. Zukünftig muss in der Wohnungs- und Stadtplanung eine Lösung gefunden werden, dass immer mehr Personen auf engem Raum zusammenleben können, ohne dadurch unmittelbar an Wohn- und Lebensqualität zu verlieren. Denn die Errichtung von hochgeschossigen Wohngebäuden zeigte bisher keinen idealen Ausweg, da die oft vorherrschende Anonymität in solchen Bauwerken häufig zu Verantwortungslosigkeit, Vandalismus und Verwahrlosung führt (Harloff & Ritterfeld, 1993; Flade, 2006). Ziel ist daher, die Errichtung von platzsparenden, umweltverträglichen Gebäuden, die jedoch menschengerecht gestaltet und somit in kleineren Wohneinheiten gegliedert sind ().

4.8.3 Stress durch Unsicherheitsgefühle

Sicherheit kann aus unterschiedlichen Perspektiven betrachtet werden. Eine Umgebung ist beispielsweise sicher, wenn sie nicht von Naturkatastrophen wie Wirbelstürmen, Lawinen oder Vulkanausbrüchen bedroht ist. Eine gebaute Umwelt ist (gesundheitlich bzw. technisch) sicher, wenn sie aus gesunden, stabilen und beständigen Baumaterialien und Ausstattungskomponenten besteht.

4.8 Stress oder, wenn Wohnen zur Belastung wird

Flade führt zum Thema Sicherheit bzw. Unsicherheit aus, dass „Umweltvertrauen" bedeutet, sich seiner Umwelt sicher und ihr gegenüber aufgeschlossen und sensibel zu sein. Zum Umweltvertrauen zählt darüber hinaus das Zutrauen in die eigene Kompetenz, sich in dieser Umwelt zurechtzufinden und auf missliche Umweltbedingungen umsichtig reagieren zu können. Sich sicher zu fühlen, ist für den Menschen existenziell wichtig . Auf Stress bedingt durch Unsicherheit wird primär mit dem Versuch reagiert, mögliche missliche und bedrohliche Umstände zu umgehen. Solche Vermeidungsstrategien bezeichnet Flade als „freiwillige Einschränkung potentieller Mensch-Umwelt-Transaktionen" (Flade 2008: 150).

Drei unterschiedliche Theorien versuchen Erklärungen für erlebte Unsicherheit zu bieten, die Disorder-Theorie, die Prospect-and-Refuge-Theorie und das Territorialitätskonzept. Bei der Disorder-Theorie werden Unsicherheitsgefühle durch Anzeichen von Unordnung im öffentlichen Bereich hervorgerufen (Perkins et al., 1993). Sie vermitteln das Gefühl der Verwahrlosung und den Eindruck, „aufgegeben" und ohne Kontrolle, sich selbst überlassen zu sein. Herumliegender Unrat, verunstaltete Hauswände, leerstehende, dem Verfall preisgegebene Gebäude, Personengruppen, die beispielsweise dem Drogenmilieu zugeordnet werden oder bedrohlich und unberechenbar anmutende „Straßengangs" sind dafür die besten Beispiele (ebda). Ellard beschreibt in diesem Kontext auch den Faktor „Angst vor Kriminalität": Sehen Menschen eine physisch und sozial verwahrloste Gegend, so löst diese automatisch Angst vor Kriminalität aus, wobei zwischen dem Vorkommen tatsächlicher Kriminalität in den soeben beschriebenen Umwelten und der Angst davor oft nur eine lose Beziehung besteht (Ellard, 2017).

Die Prospect-Refuge-Theorie besagt, wie bereits bei der Bedeutung der Natur für den Menschen beschrieben, dass Menschen Plätze mit „Aussicht und zugleich Sichtschutz" bevorzugen und sich „Fluchtwege" offenlassen möchten. Zu unsicher empfundenen Bereichen zählen im Kontext gebauter Umwelten daher Unterführungen oder Tiefgaragen, die keinen wirklichen Überblick bieten und keinen Fluchtweg offenlassen. Optimal sind hingegen gebaute Umwelten, die visuelle Kontrolle, unterschiedliche alternative Wege und auch „Schutzräume" bieten (Flade, 2008.).

Beim Territorialitäts-Konzept hängen die möglicherweise empfundene Unsicherheit und die damit verbundenen „Verteidigungsmaßnahmen" – wie bereits in Abschn. 4.4. beschrieben – von der Art des Territoriums (primär, sekundär, tertiär) ab. Durch räumliche (Zugangsbarrieren, Videoüberwachung etc.) und nicht räumliche Strategien (Regeln, Vorschriften etc.) können soziale Beziehungen nicht nur kontrolliert, sondern auch gesteuert werden (ebda).

4.8.4 Visueller Stress

Auch optische Eindrücke können aufgrund ihres Reizmusters zu visuellem Stress führen. Alleine die Betrachtung visueller Stimuli (z. B. kleinteilige Streifenmuster) kann schon Übelkeit, Kopfschmerzen, ja sogar Migräne auslösen (Horx-Strathern, 2019). Untersuchungsergebnisse deuten darauf hin, dass Bilder von Gebäuden für das Gehirn anstrengender zu verarbeiten sind, als etwa Bilder mit Naturmotiven (ebda).

Wohnbedürfnisse 5

5.1 Bedürfnisdefinition nach Maslow (1987)

Da der Begriff „Bedürfnis" in der humanwissenschaftlichen bzw. psychologischen Literatur nicht einheitlich definiert wird, lehnt sich die nachstehende Definition vor allem an die Beschreibung der Bedürfnispyramide nach Abraham Maslow an (1987, IWAP, 2017: 177): Bedürfnisse sind nicht von individueller, sondern allgemein menschlicher Natur. Sie sind prinzipiell allen Menschen zu eigen, weisen einen permanenten oder immer wiederkehrenden Charakter auf und verlangen nach Erfüllung. Bedürfnisse können zwar teilweise unterdrückt werden, respektive unerfüllt bleiben, aber nie gänzlich ausgeschaltet bzw. zum Verschwinden gebracht werden.

Werden Bedürfnisse nicht erfüllt, zieht dies unterschiedliche emotionale Reaktionen bzw. psychologische Konsequenzen hinsichtlich Befinden, Gesundheit, Verhalten etc. nach sich (ebda). Beispiele dafür sind „Furcht bei Nicht-Erfüllung von Schutzbedürfnissen, Unsicherheitsempfinden (…) bei Orientierungs- und Kontrollverlust (Nicht-Erfüllung von Kontrollbedürfnissen), (…) Melancholie, Trauer, depressive Stimmung bei Nicht-Erfüllung von sozialen Kontaktbedürfnissen, Freude (…) bei der Erfüllung sensorischer Wahrnehmungsbedürfnisse (wie eine tolle Aussicht, (…) und vieles andere mehr" (Roth, 2003: 292 ff.)).

Maslow (1987) teilt Bedürfnisse in verschiedene Ebenen ein und zwar in die Grundbedürfnisse, die immer zur Behebung eines Mangels oder eines Defizits dienen und die Wachstumsbedürfnisse, die den Wunsch nach Selbstverwirklichung beinhalten[1]. In der hierarchischen Ebene werden die grundlegenden Bedürfnisse in den vier unteren Ebenen mit den Begriffen „physiologische

---

[1] Abraham Maslow (1987) unterscheidet fünf Klassen von Bedürfnissen, die er hierarchisch in Form einer Bedürfnispyramide anordnete. Die physiologischen Bedürfnisse befinden sich

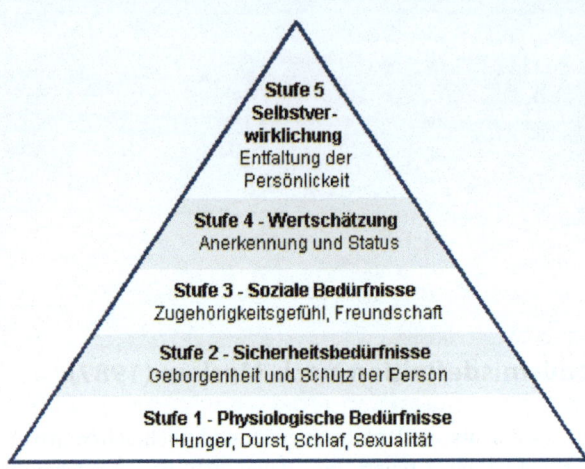

Abb. 5.1 Motivation and Personality (Maslow, 1954).

Bedürfnisse", „Sicherheit", „soziale Motive" und „Wertschätzung" bezeichnet. Die oberste Ebene bildet letztlich die „Selbstverwirklichung" (Deinsberger-Deinsweger, 2016: 104 ff.) (Abb. 5.1).

---

auf der untersten Ebene und suchen nach der Befriedigung unserer körperlichen Bedürfnisse wie Hunger, Schlaf etc. Die darüber liegenden Sicherheitsbedürfnisse beinhalten unser Bedürfnis nach Schutz und Sicherheit. Die dritte Ebene der sozialen Bedürfnisse – Maslow bezeichnet sie als jene nach Zugehörigkeit und Liebe – umschließt das Bedürfnis nach sozialen Kontakten und Zugehörigkeit. Im Rahmen der Ich-Bedürfnisse bzw. der Bedürfnisse nach Achtung streben wir nach Anerkennung, Selbstvertrauen und Selbstachtung. An der Spitze der Pyramide steht unser Bedürfnis nach Selbstverwirklichung und Selbstentfaltung. Maslows (1987) Prinzip ist, dass immer erst niedrigere Bedürfnisse befriedigt sein müssen (z. B. Stillen von Hunger und Durst) bevor höhere Bedürfnisse aktiviert werden (z. B. das Erfahren von Anerkennung). Das Bedürfnis der Selbstverwirklichung unterscheidet sich von den anderen Bedürfnisklassen dadurch, dass es ein Wachstumsmotiv und nicht, wie die anderen Bedürfnisse, ein Defizitmotiv darstellt. Die Selbstverwirklichung entsteht nicht durch einen bestimmten Mangelzustand und kann auch nie gänzlich gestillt werden. Sie wächst während ihrer Befriedigung. Im Unterschied dazu wird ein Defizitbedürfnis dann aktiviert, wenn ein Mangelzustand wahrgenommen wird (z. B. Durstgefühl) und ist befriedigt, wenn dieser Mangel aufgehoben wurde.

5.2 Lebensraumbezogene Bedürfnisse

Bedürfnisse sind nicht gleichbedeutend mit Wünschen. Bedürfnisse sind existenzieller Natur und zugleich Auslöser für aktives Handeln. Im Unterschied zu klar definierten individuellen Wohnwünschen bzw. -anforderungen (z. B. 4 Zimmer + Garten + Garage), die sich je nach Lebenssituation verändern können, sind die Wohnbedürfnisse in der Regel nur in geringem Maße bekannt. Da sie jedoch von allgemeiner Natur sind, sollten sie auch bei jeder Planung berücksichtigt werden. Nach Flade (2006) lassen sich auch viele Wohnbedürfnisse eines Menschen in der Maslow'schen Bedürfnispyramide wiederfinden. Bedürfnisse nach Wärme, Ruhe, Erholung oder Schlaf zählen zu den körperlichen Grundbedürfnissen. Die Suche nach einer sicheren und vertrauten Umwelt kann dem Sicherheitsbedürfnis zugeordnet werden. Soziale Bedürfnisse wie Zusammensein, Zusammenleben und Kommunikation stellen eine wichtige Kategorie der Wohnbedürfnisse dar. Ich-Bedürfnisse wie soziale Anerkennung oder ein positives Selbstbild können beispielsweise durch die Ausstattung der eigenen Wohnung mit teuren Möbeln zum Ausdruck gebracht werden. Das Streben nach Selbstverwirklichung findet sich wieder in dem Bedürfnis, sich die Umwelt anzueignen und sich stets weiter zu entwickeln (ebda).

Solch eine Liste von Wohnbedürfnissen kann laut Flade (1993) dazu genutzt werden, um Aussagen über die Wohnqualität aus Perspektive der Nutzer zu machen. Als ideales Konzept dient das sogenannte „social design". Es berücksichtigt, im Gegensatz zum „formalistic design", die Wünsche und Bedürfnisse von Bewohnern bei der Planung und Erstellung von Wohngebäuden. Das Wissen über solche Wünsche und Bedürfnisse von Nutzern kann nach Flade über zwei Wege erlangt werden:

Durch direkte Beteiligung und Input der Bewohner am Entwurf und an der Herstellung von Gebäuden und deren Wohnumwelten. Diese Möglichkeit einer nutzerorientierten Architektur stellt jedoch in den westlichen Gesellschaften eher die Ausnahme dar. Der häufiger gewählte und somit bedeutendere Weg zu einer menschlichen, bedürfnisgerechten Architektur ist jener unter Zugrundelegung von Methoden aus Verhaltenswissenschaft und Wohnpsychologie. Durch wohnpsychologische Forschungsmethoden werden Kriterien geliefert, die es ermöglichen, Wohnungen und deren Umgebungen hinsichtlich ihrer Nutzerorientiertheit zu bewerten. Die wichtigsten Instrumente sind die Analyse von Wohnbedürfnissen (user need analysis) vor Errichtung eines Gebäudes, die Begleitforschung und Beratung (consultation) während der Erbauung, die Evaluation von Gebäuden nach deren Fertigstellung (post-occupancy evaluation) und laufende systematische Wohnforschung (design research) (Flade, 1993). Auch Bär (2008) beschreibt das

Vorhandensein von psychischen Grundbedürfnissen, die der Mensch gegenüber seiner Wohnumwelt aufweist. Diese entstehen einerseits durch die menschliche Veranlagung und auf der anderen Seite durch Gewohnheiten und Erfahrungen des Einzelnen. Demnach ist es auch möglich, dass diese Grundbedürfnisse vor allem abhängig von Alter, Geschlecht, Familie oder beispielsweise Beruf variieren bzw. sehr unterschiedlich ausgeprägt sind.

Deinsberger-Deinsweger definiert „Wohnbedürfnis" als „Sammelbegriff für all jene Bedürfnisse, die mit dem Thema „Wohnen", „Wohnbau" oder „Wohnumfeld" in Verbindung zu bringen sind. Die Wohnbedürfnisse umfassen alle Grund- und Wachstumsbedürfnisse bzw. alle psychologischen und existenziellen Bedürfnisse, die eine Wohnung respektive eine Wohnumwelt erfüllen können sollte" (Deinsberger-Deinsweger, 2016: 109 ff.). Miller (1998) betont dabei, dass es sich bei Wohnbedürfnissen um sekundäre, d. h. sozial vermittelte Bedürfnisse handelt, die sich durch die bisherige Wohngeschichte und -erfahrung eines Menschen und durch die jeweilige Kultur entwickeln. Schwankungen in unserer Lebensqualität bzw. in unserem Wohlbefinden können sich durch die Befriedigung bzw. Nicht-Befriedigung von sogenannten umweltabhängigen, lebensraumbezogenen Bedürfnissen ergeben (ebda). Die Befriedigung dieser Bedürfnisse hängt vorwiegend von der Gestaltung unseres unmittelbaren Lebensraumes ab. Zu diesem Lebensraum zählen sowohl die sozialen, gebauten, technischen aber auch die natürlichen Lebensbedingungen. Folgende Bedürfnisse wurden in diesem Zusammenhang definiert (Tab. 5.1):

Deinsberger (2016: 160) fasst die Wohnbedürfnisse in Gruppen zusammen, wobei der nachstehende Überblick keine vollständige Auflistung, sondern lediglich die wichtigsten Bedürfnisgruppen darstellt, die sich wiederum in ihren Untergruppen oftmals auch überschneiden:

Schutzbedürfnisse

- Vitale Schutzbedürfnisse (Überleben)
- Schutz des Habitats/des Lebensraums
- Sensorische Schutzbedürfnisse (Schutz vor Lärm Gestank, Blendwirkung)
- Schutz der Privat- und Intimsphäre z. B. vor Fremdkontrolle (akustisch, visuell)
- Schutz der Gesundheit
- Schutz des Wohlbefindens

5.2 Lebensraumbezogene Bedürfnisse

Tab. 5.1 Die Bedürfnishierarchie und ihre Anwendung auf den Wohnbereich (Bär, 2008: 81)

Stufe	Bedürfnishierarche von Maslow	Anwendung im Wohnbereich
1	**Biologische Bedürfnisse** Bedürfnisse nach Nahrung, Wasser, Sauerstoff, Ruhe, Sexualität, Entspannung, Schmerzfreiheit	Schutz vor Lärm, angemessene Temperaturen, klimatische Ausgewogenheit, Sonnen- und Tageslicht, Privatheit, Gesundheit, persönlicher Raum, frei von Umweltstress, frei von psychischen Konflikten
2	**Sicherheit** Bedürfnisse nach Sicherheit, Behaglichkeit, Ruhe, Freiheit von Angst, Selbsterhaltung	Frei von Aggressivität (Kriminalität und Vandalismus), defensible spaces, Wohnsicherheit, Schutzmaßnahmen, frei von Wohnängsten
3	**Bindung** Bedürfnisse nach Zugehörigkeit, Vertrauen, Verbindung mit anderen, zu lieben und ge- liebt zu werden	Beständigkeit (Dauerhaftigkeit und Vertrautheit), Ortsbezogenheit (Lebenszyklusphase), Nachbarschaft, Öffentlichkeit, Ortsverbundenheit, Ortsidentität
4	**Selbstwert** Bedürfnisse nach Vertrauen und dem Gefühl, etwas wert zu sein und kompetent zu sein, Selbstwertgefühl und Anerkennung von Anderen	Interpersonelle Kommunikation, soziale Interaktion, Wohnrevier, Wohnqualität, Wohnbedürfnisse, Aneignung von Umwelt, Selbstdarstellung und Repräsentation
5	**Kognitive Bedürfnisse** Bedürfnisse nach Wissen, Verstehen, nach Neuem, Lösungen von inneren und äußeren Konflikten, Zusammenhänge erkennen	Mensch-Umwelt-Interaktion, Kommunikation, Wohnzufriedenheit, Lebensqualität, Zugang zu allen Medien, Konfliktbewältigung
6	**Ästhetische Bedürfnisse** Bedürfnisse nach Ordnung und Schönheit	Bewertung der Wohnumwelt, Symbolik, Geometrie des Raumes (der umbaute Raum), Raumgestaltung (Licht, Farbe und Formen), Pflanzen im Wohnraum
7	**Selbstverwirklichung** Bedürfnis, das eigene Potential auszuschöpfen, bedeutende Ziele zu haben	Alternative Wohnformen, Determinanten der Wohnformen z. B. Arbeiten und Wohnen, Wohnwünsche, Freizeitgestaltung
8	**Transzendenz** Spirituelle Bedürfnisse, sich mit dem Kosmos im Einklang fühlen	Raum für Kontemplation, frei von technischen Störungen (Schlaf- und Wohnräume), technikfreie Reizschutzzonen

Kontakt- und Interaktionsbedürfnisse

- Physiologische Austauschprozesse/Metabolismus
- Sensorischer Kontakt/Wahrnehmung & Stimulation
- Soziale Interaktion: Kommunikation
- Gestalterischer Kontakt/Interaktion
- Bedürfnis nach Aneignung/emotionalem Kontakt

Kontrollbedürfnisse

- Bedürfnis nach Selbstbestimmung/Wahlfreiheit
- Aktuelle Regulation
- Adaption, Anpassung des Wohnraums
- Soziale Regulation
- Bedürfnis nach Orientierung

Aktivitäts-Passivitäts-Bedürfnis

- Arbeit, Hobby, Sport, Spiel
- Bedürfnis nach Entspannung/Kontemplation
- Schlafbedürfnis

Kongruenzbedürfnisse

- Physiologische Kongruenz
- Ergonomische Kongruenz
- Utilitäre Kongruenz
- Formale, gestalterische Kongruenz: ästhetisches Empfinden
- Mental-kognitive Kongruenz: „Zufriedenheit"
- Sensorische Kongruenz: optimales Stimulationsniveau (Monotonie vs.. Überreizung)

Entwicklungs- und Entfaltungsbedürfnisse

- Wachstumsbedürfnis: (seelisch, geistige, körperlich)
- Bedürfnis nach positiver Veränderung
- Bedürfnis nach Selbstverwirklichung

5.2.1 Sicherheits- und Schutzbedürfnisse

Das Bedürfnis nach Sicherheit ist ein grundlegendes und allen Menschen innewohnendes. Zählen für den Wohnbau primär statische, physikalische, materialbezogene und technische Parameter zu den Sicherheitsfaktoren, gehen die Sicherheits- und Schutzbedürfnisse aus Sicht der Wohn- und Architekturpsychologie noch darüber hinaus, wobei es bei deren Kategorisierung generell um die Fragestellung „Wer soll wovor in welcher Form geschützt werden" geht. Die nachfolgenden Sicherheits- und Schutzbedürfnisse können sich über die eigene Person hinausgehend auch auf andere Mitmenschen – Mitbewohner, Familienmitglieder – beziehen (Deinsberger, 2016: 117).

So gelten die existenziellen Schutzbedürfnisse – archaisch bedingt – dem Überleben. Während dieses im modernen Wohnbau garantiert sein sollte, betreffen die vitalen Schutzbedürfnisse den Schutz und die Bewahrung der Gesundheit sowohl vor Beeinträchtigungen von außen durch Klima- und Witterungseinflüsse als auch durch das Gebäude selbst, beispielsweise aufgrund gesundheitsschädigender Auswirkungen einer schlechten Bauweise, mangelhafter Materialien oder Schadstoffe (Piperek, 1975). Die WHO definiert Gesundheit nicht als das Fehlen von Krankheit, sondern als „(…) einen Zustand des vollständigen, körperlichen, geistigen und sozialen Wohlergehens (…)". Die komfortablen Schutzbedürfnisse beinhalten daher über die Gesundheit hinausgehend, auch das Bedürfnis nach körperlichem und mentalem Wohlbefinden. Es kann davon ausgegangen werden, dass sich der Schutz des Wohlbefindens auch mit den meisten anderen Schutzbedürfnissen wie den sensorischen und sozialpsychologischen Schutzbedürfnissen überschneidet (Deinsberger-Deinsweger, 2016).

Ein grundlegendes Schutzbedürfnis gilt daher auch den Sinnesorganen, die vor Überreizung, Überstimulation, Belastungen und Störungen bewahrt werden sollen. Im Wohnbaukontext betrifft dies den Schutz vor störendem Lärm und Geruch, vor optischer Beeinträchtigung (starker Lichteinfall, Blendung) oder taktilen (unangenehmen Oberflächen) und sensomotorischen Behinderungen (z. B. mangelnde Bewegungsfreiheit, spitze Ecken etc.).

Ein weiteres maßgebliches Bedürfnis im Wohnbau betrifft den Schutz der Privat- und Intimsphäre. Dieser geht mit dem Wunsch nach Privatheit einher und beinhaltet den Schutz vor Fremdkontrolle (akustisch, visuell), vor Fremdaneignung (Diebstahl, Vandalismus, Hausfriedensbruch) und vor Crowding (erlebte Dichte) (ebda).

Die Bedürfnisse nach Privatheit und Sicherheit spielen vor allem im urbanen Lebensbereich eine große Rolle für das Wohlbefinden eines Menschen (Maderthaner, 1998). Eine immer höhere soziale Dichte in den Städten verstärkt sowohl

Anonymität wie Reizüberflutung und kann somit Aggressivität und sozialen Rückzug fördern. Daher ist es eminent wichtig, dass Menschen ausreichend Möglichkeiten zur Wahrung ihrer Privatsphäre besitzen, wie bereits ausführlich in Abschnitt 4.5. beschrieben. Da auch der Aspekt der Kriminalität im städtischen Bereich ein maßgebliches Thema darstellt, sollte sichergestellt sein, dass die Menschen ihren Lebensraum als sichere Gegend wahrnehmen können. Einer möglichen Verwahrlosung im öffentlichen Bereich, die die Botschaft vermittelt, dass sich hier niemand um Ordnung kümmert, lässt sich durch die öffentliche Hand, die Wohnungsgenossenschaft oder auch die Bewohner selbst vermeiden. Voraussetzung dafür ist allerdings, dass sich die Bewohner für ihr Wohnumfeld auch verantwortlich fühlen können – entweder durch Eigentum oder in Mietshäusern durch eine ansprechende Außenraumgestaltung, die die Ortsbindung fördert. Zu dieser tragen neben der Lesbarkeit und Orientierung in der Anlage auch der bereits erwähnte abgestufte Übergang vom primären Territorium, der Wohnung, hin zum öffentlichen Bereich – auch mit der Möglichkeit der Aneignung im Außenbereich (speziell rund um den Geschoßwohnbau) bei. Nicht zu vernachlässigen ist in diesem Kontext ein guter Überblick über die Umwelt und damit einhergehend, die Kontrolle über diese, ein funktionierendes nachbarschaftliches Miteinander und natürlich allem voran eine gute (sichere) Lage des Wohnumfeldes, in dem generell die öffentliche Sicherheit hoch ist (Reichl, 2014).

Aus diesem Sicherheitsgefühl heraus können Menschen sich der Welt zuwenden, wachsen und sich entwickeln. Die Gestaltung von Wohnräumen erfordert somit ein bedürfnisorientiertes Planen, um Sicherheit und Geborgenheit zu schaffen. Dazu zählt auch die Stabilität von Wohnbedingungen und Wohnungsmilieus (Pieper, 1975), da Unsicherheitsgefühle im Wohngebiet – wie bereits angeführt – einen maßgeblichen Stressor darstellen und sich damit auch negativ auf die angestrebte Ortsbindung auswirken (Reichl, 2014).

5.2.2 Kontakt- und Interaktionsbedürfnisse

Zu den Bedürfnissen von Menschen gehören Austausch- und Interaktionsprozesse mit der physischen und sozialen Umwelt, also die Möglichkeit, mit der Umwelt sowie mit umgebenden Menschen Kontakt aufzunehmen und zu kommunizieren. Dazu zählen neben dem ungehinderten vitalen und schadstofffreien Austauschprozess (Aufnahme/Abgabe von Feuchtigkeit, Wärme, Luft etc.) und den sensorischen Kontakten (sinnliche Wahrnehmung, Metabolismus, Gestaltung, Aneignung usw.) vor allem auch die zwischenmenschlichen Kommunikation (Deinsberger-Deinsweger, 2016).

Das Bedürfnis nach sensorischem Kontakt verlangt nach dem richtigen Umfang und Maß an sinnlichen Wahrnehmungsmöglichkeiten bzw. Stimulationsmöglichkeiten – sensorischen Stimuli. Diese sind das „Grundnahrungsmittel" für das sensorisch-kognitive System des Menschen und beeinflussen damit das Denken, Fühlen und Handeln. Zugleich beinhaltet das Bedürfnis nach Wahrnehmung auch das Bedürfnis nach neuen Erkenntnissen, die neue Strukturen im Gehirn schaffen, was wiederum die Ausschüttung von Glückshormonen zur Folge hat (Spitzer, 2005).

Die sozialen Bedürfnisse reichen vom Wunsch nach reiner Anwesenheit anderer Menschen, dem Affiliationsbedürfnis, über das kommunikative Miteinander (Kommunikation, gemeinsame Unternehmungen, Arbeit) bis hin zur Intimität. Soziale Interaktion und Kommunikation bilden unter anderem die Basis für die Entwicklung der sozialen Kompetenz und Persönlichkeit. Die Bedürfnisse nach Kommunikation und Partizipation fördern nach Maderthaner (1998) die soziale Integration, bieten die Chance, soziale Vorurteile abzubauen und können somit ein gemeinsames Leben in unmittelbarer Umgebung positiv beeinflussen. Ein besonderes Augenmerk sollte daher in diesem Kontext der positiven Nachbarschaftsbeziehung gelten.

5.2.2.1 Nachbarschaftsbeziehung

Da die Nachbarschaft (außer bei Gemeinschaftsprojekten) meist nicht selbst gewählt werden kann, bezeichnet Flade diese als „Zwangsgemeinschaft". Eine funktionierende Nachbarschaft trägt jedoch maßgeblich zur Wohn- und Lebensqualität bei – schon allein im Sinne der Zunahme des subjektiven Sicherheitsgefühls (Flade, 2006).

Positive Merkmale einer funktionierenden Nachbarschaft sind somit nachbarschaftliche Unterstützung, Kommunikation und soziale Kontrolle. Die Voraussetzungen dafür sind neben einem geräumigen Außenraum, entsprechenden Übergangszonen zwischen privater Wohnung und öffentlichem Raum und dem Vorhandensein von attraktiven Gemeinschaftsaufenthaltsräumen – innen wie außen – unter anderem auch der Schallschutz und die Ästhetik der Wohnumgebung. Eine harmonische Nachbarschaft braucht gemeinschaftlich nutzbare, attraktive Bereich und klare Grenzen (ebda). Die Identifikation mit dem Wohnumfeld und die funktionierende Privatheitsregulation spielen in diesem Zusammenhang somit eine entscheidende Rolle.

Reichls Empfehlung für Bau- und Wohngruppen ist es, „nicht nur im technischen und architektonischen (…), sondern auch im kommunikativen Bereich eine fachliche Begleitung (…) für einen gelungenen Gemeinschaftsbildungsprozess zu konsultieren" (Reichl, 2014: 114).

5.2.2.2 Bedürfnis nach Aneignung

Der Mensch strebt danach, sich ständig weiterzuentwickeln, sich selbst zu verwirklichen und sich in seiner Umwelt frei entfalten zu können. Die Aneignung von Räumen bietet nach Maderthaner (1998) die Möglichkeit, den Wohnraum nach eigenen Wünschen zu gestalten und gestalten und dadurch die Verbundenheit mit dem individuellen Lebensraum zu steigern. Eine emotionale Beziehung zum Wohnumfeld lässt sich also durch Aneignung – die Nutzung, Veränderung, Kontrolle und persönliche Gestaltung – dieser Umwelt aufbauen. „Nur Wohnungen, die man verändern, anpassen und gestalten kann, sind aneigenbare Wohnungen" (Reichl, 2014: 163). Damit wandelt sich die objektive Wohnumwelt in eine „unverwechselbare, persönlich bedeutsame Umwelt", die einen Eindruck der Person, die darin lebt, vermittelt. Aneignung ist also gleichbedeutend mit Veränderung und die Voraussetzung für Wohn-Wohlbefinden und damit Ortsbindung (Reichl, 2014: 159). Je mehr die Wohnumwelt nach den eigenen Vorstellungen gestaltet werden kann, desto eher werden Gefühle wie Zugehörigkeit und Wohlbefinden erlebt.

Deinsberger unterscheidet fünf Arten der Aneignung. Die gestalterische oder adaptive Aneignung betrifft die Veränderung von Räumen, Rauminhalten oder Freibereichen durch das Einrichten, Gestalten, Verändern für eigene Zwecke. Die utilitäre oder operative Aneignung entspricht der Benutzung. So wird ein Raum alleine schon durch einen regelmäßigen Aufenthalt darin angeeignet. Dasselbe betrifft die Aneignung durch soziale Interaktionen wie z. B. wiederholte Zusammenkünfte von Personen in einem Raum. Die ideelle oder symbolische Aneignung stellt durch das Personalisieren eines Raumes die intensivste Aneignungsform dar. Bei der Erforschung eines Raumes, die dem Bedürfnis entspricht, seine Umwelt zu verstehen, spricht man von kognitiver, sensorischer Aneignung (Deinsberger, 2016).

Gerade im Wohnbereich sind jedoch heutzutage den Möglichkeiten zur Aneignung und persönlichen Gestaltung schnell Grenzen gesetzt.

Bereits Architekten, Planer und private Besitzer von Bauland sind in ihrer Planung und Errichtung von Wohngebäuden an Vorschriften und Normen gebunden. Sie haben sich an einem stimmigen Gesamtbild zu orientieren und genießen keine unbegrenzte Gestaltungsfreiheit. Dadurch werden eine gewisse Gleichförmigkeit und Konformität erreicht und die Individualität ist erheblich eingeschränkt (Flade, 2006).

Miller (1990) betont zudem, dass eine Auseinanderentwicklung zwischen den Interessen von Bauträgern, den Vorstellungen des Architekten und jenen des potentiellen Nutzers häufig die Ursache für ein Verhindern von Aneignung, Identität, Individualität und Engagement darstellt.

5.2 Lebensraumbezogene Bedürfnisse

Ein weiterer Einflussfaktor auf das Ausmaß an Individualität von Wohngebäuden stellt das rechtliche Verhältnis zur eigenen Wohnform dar. Mieter und Mieterinnen einer Wohnung in einem Geschosswohnhaus verfügen oftmals über wesentlich weniger Möglichkeiten zur individuellen Aneignung und Gestaltung ihres Heims als dies bei Eigentümern und Eigentümerinnen eines Einfamilienhauses der Fall ist (Flade, 2006).

Bei konformen, monotonen Wohngebäuden wie sie häufig in Form von Reihenhaussiedlungen und mehrgeschossigen aneinandergereihten Wohngebäuden auftreten, wird Individualität bzw. Personalisierung durch die Bewohner am ehesten im Rahmen von persönlichen Details, vorwiegend im privaten Bereich, geschaffen, wie z. B. durch das Aufstellen von Pflanzen, Balkonblumen, Fenster- und Türschmuck, durch Vorhänge oder Sonnenschirme (Bär, 2008). Diese Form der Aneignung der eigenen vier Wände schafft Zugehörigkeit und Bindung einer Person an ihr Heim. Neben den positiven Formen der Aneignung sollen auch die negativen wie Verwahrlosung oder Vandalismus nicht unerwähnt bleiben, die häufig als Reaktion auf mangelnde Aneignungsmöglichkeit auftreten (Reichl, 2015).

5.2.3 Bedürfnis nach Selbstbestimmung, Regulation und Kontrolle

Reichl definiert Kontrolle als Möglichkeit der Umwelt- und Selbstregulation. Je eher man in der Lage ist, Umwelteinflüsse selbst zu regulieren bzw. zu gestalten, desto eher gelingt dies auch mit Emotionen und Gedanken, was sich wiederum förderlich auf Wohlbefinden und Gesundheit auswirkt (Reichl, 2014). Die Kontrollbefugnis über das eigene Leben und den persönlichen Lebensraum bzw. die Selbstbestimmung über die eigenen Lebensumstände zählen zu den grundlegenden Bedürfnissen des Menschen (Deinsberger-Deinsweger, 2016).

Wie grundlegend die Bedürfnisse nach Kontrolle sind, zeigt, dass laut Seligmann von manchen Psychologen diese „sogar als stärker und einflussreicher eingestuft werden als die Bedürfnisse Hunger, Durst oder Sexualität" (Seligmann, 1999: 52; Deinsberger, 2016).

Im Wohnkontext unterscheidet man – wie bereits in den Abschnitten 3.2. und 3.4. angemerkt – zwischen der aktuellen und der habituellen Regulation:

Die aktuelle Regulation betrifft das momentane Wohlbefinden und hat eine aktuelle Stimmigkeit auf allen Ebenen zum Ziel, sei es durch die Steuerung von Raumtemperatur, Frischluftzufuhr, Raumbelichtung/-beleuchtung, Akustik und dergleichen mehr oder auch durch die Kontrolle über die Art und Intensität der sozialen Interaktion. Wobei in diesem Kontext das Bedürfnis nach Unabhängigkeit einer Person etwa durch die Vermeidung von Zwangskontakten in der eigenen Wohnung und in deren Umgebung besondere Bedeutung erlangt (Pieper, 1975). Das Kontrollbedürfnis im Wohnbezug beinhaltet somit den Wunsch, den Lebensraum nach den eigenen Vorstellungen zu gestalten. Maßgeblich sind in diesem Zusammenhang auch die Bedürfnisse nach Wahlfreiheit hinsichtlich des Aufenthaltsortes und der Raumnutzung sowie nach Selbstbestimmung, also ohne fremde Hilfe, eigenständig zu wohnen.

Die habituelle Regulation betrifft die generelle Lebens- und Wohnzufriedenheit – abhängig von der eigenen körperlichen/seelischen Verfassung, der privaten, familiären, beruflichen Situation oder auch den materiellen/räumlichen Lebensumständen (Deinsberger, 2006).

Kontrollmangel oder gar Kontrollverlust bzw. das Fehlen von Kontrollmöglichkeiten können aus psychologischer Sicht Stress durch das Gefühl der Unsicherheit erzeugen und Ängste fördern (ebda). Im räumlichen Kontext wird zwischen öffentlichen und privaten Angsträumen unterschieden. Beispiele für „öffentliche Angsträume" sind dunkle, verwinkelte Bereiche mit möglicherweise versteckten Nischen wie die bereits erwähnten Tiefgaragen, Unterführungen oder auch schlecht beleuchtete Gassen, die sich weder durch den Nutzer selbst noch durch die Öffentlichkeit visuell kontrollieren lassen. Als potentielle „private Angsträume" gelten hingegen wenig frequentierte Räume, über die man nicht ausreichend Kontrollmöglichkeiten besitzt – wie beispielsweise oftmals Kellerräume.

5.2.3.1 Kollektive soziale Kontrolle

In diesem Zusammenhang nicht unerwähnt sollte aus wohnpsychologischer Sicht die kollektive soziale Kontrolle in ihrer positiven wie negativen Form bleiben. Positiv konnotiert ist die kollektive soziale Kontrolle, wenn sie als Form der Verantwortungsübernahme für das Wohnumfeld und damit auch für die Nachbarschaft auftritt: Dies betrifft ebenso das Erkennen potenzieller Einbrecher oder anderer Personen mit negativen Absichten – was bereits präventiv wirken kann – wie auch die Unterstützung in Notfällen (Unglücksfälle, Todesfälle, Erkrankungen, Beeinträchtigungen), wenn diese nicht unentdeckt bleiben, sondern vielmehr Anteilnahme und Hilfe/Beistand seitens der Nachbarn zur Folge haben.

Die negative Form der sozialen Kontrolle kommt hingegen der visuellen und oder akustischen) Fremdkontrolle gleich. Beispiele dafür finden sich häufig im modernen Wohnbau – wenn Glasfassaden den Blick in private Wohnbereiche erlauben und diese damit quasi einen halböffentlichen Charakter erhalten.

„Fremdkontrolle" bezieht sich jedoch nicht nur auf fremde Personen, sondern auch auf Mitbewohner (Partner, Familienangehörige), wenn die Kontrolle der sozialen Interaktion nicht möglich ist bzw. Rückzugsmöglichkeiten und damit Privatsphäre fehlen (Deinsberger, 2016).

Ein permanenter Mangel an Kontroll- und Selbstbestimmungsmöglichkeiten kann, sofern es keine Perspektive für eine positive Veränderung gibt, zu Resignation, und schlimmstenfalls zu „erlernter Hilflosigkeit" bzw. in Folge zu Depressionen führen, wie der US-amerikanische Psychologe Martin Seligmann in seiner Erklärung zum Entstehen von Depressionen ausführt: „ (…) Menschen werden depressiv, wenn sie in ihrem Leben keine Kontrolle besitzen und zudem für diesen Zustand der Hilflosigkeit selbst die Verantwortung tragen: die Wahrnehmung der Kombination aus erlernter Hilflosigkeit und Selbstbeschuldigung bedingt diese Störung" (Seligmann, 1999: 53).

5.2.3.2 Planungsbeteiligung

Das Bedürfnis nach Mitsprache und Partizipation bei Entscheidungen rund um den eigenen Wohn- und Lebensbereich stellt einen wichtigen Einflussfaktor für das Wohlbefinden eines Menschen dar. Durch das Recht auf Mitsprache und Mitentscheidung werden das Interesse an Problemen, das Verantwortungsgefühl und die persönliche Einsatzbereitschaft für die Problemlösung gefördert (Maderthaner, 1998). Idealerweise beziehen Bauträger und Behörden Nutzer von Anfang an in die Planung mit ein. Da Lebensraum- und Stadtgestaltung insgesamt in erster Linie eine kulturelle und soziale Aufgabe darstellt, ist der ständige Gedankenaustausch mit den Nutzern die entscheidende Arbeitsgrundlage für die mit der Wohnraumplanung befassten Planungsteams (Flade, 2015).

Die schöpferische Anpassung ist nach Deinsberger-Deinsweger ein Vorgang, der durch zwei Komponenten getragen wird, einerseits von der Dualität der Wahrnehmung des Individuums und andererseits von der wechselseitigen Anpassung der Umwelt. Um seinen (Wohn)Raum, vor allem das Wohnungsinnere, aktiv gestalten zu können, sollte der Raum ein hohes Adaptionspotential aufweisen und die Voraussetzung für die Entwicklung von schöpferischer Anpassung bieten. Deinsberger-Deinsweger legt in seinen Untersuchungen dar, dass sich der Antrieb zur repräsentativen Gestaltung seiner Umgebung auch als ein selbst auferlegter Zwang zur Anpassung an gesellschaftliche Repräsentationsarten erweisen kann. In diesem Fall liegen allerdings Anpassungs- und Konformitätszwänge vor (Deinsberger, 2016).

5.2.4 Aktivitäts-Passivitäts-Bedürfnis

Ein ideales Wohnumfeld erfüllt beide im Menschen verankerten Bedürfnisse, jenes nach Ruhe, Erholung und Schlaf und jenes nach Aktivität und (positiver) Anspannung. Beide Bedürfnisse treten regelmäßig, abwechselnd und in zyklischen Abständen auf. Für die Qualität des menschlichen Wohnumfeldes bedarf es daher des Vorhandenseins von ausreichend Bewegungs-, Rückzugs- und Ruhe-(Frei)Raum. Das Bedürfnis nach Regeneration umfasst nach Maderthaner (1998) den Wunsch des Menschen nach Ruhe, nach einer lärmfreien, sauberen Umgebung, nach guter Luft und Umweltqualität, sowie dem Bedürfnis nach körperlicher Aktivität und Bewegung. Nach einer Phase der Belastung und Anspannung, zieht sich der Mensch in seinen Wohnraum zurück, um sich zu erholen und zu regenerieren. Wenn dies nicht gelingt, sind die Folgen psychisch-geistige Erschöpfung und körperliche Ermüdung. Räumliche und soziale Lebensumstände wirken sich entscheidend auf die Möglichkeit zur Regeneration aus. Ob wir uns erholen oder nicht, hängt somit auch maßgeblich vom Wohnumfeld ab.

5.2.5 Entwicklungs- und Entfaltungsbedürfnisse

Im Gegensatz zu den angeführten „Defizitbedürfnissen", die nach Maslow bei Gefühlen des Mangels spürbar werden, entsprechen die Wachstumsbedürfnisse dem Drang des Menschen, sich weiterzuentwickeln (Deinsberger-Deinsweger, 2016.). Bei Kindern steht dabei neben dem körperlichen Wachstumsbedürfnis in erster Linie die intellektuell-kognitive Entwicklung im Vordergrund. Bei Erwachsenen verschiebt sich das Wachstumsbedürfnis eher in Richtung kognitiver, mentaler und emotionaler Weiterentwicklung respektive Individualisierung und Selbstverwirklichung. Für die Selbstverwirklichung bieten all jene Wohnbaustrukturen die Voraussetzung, die nicht krank machen, den genannten Grundbedürfnissen entsprechen und in- oder auch außerhalb der Wohnung Freiräume zur persönlichen Entwicklung bieten, wobei das Bedürfnis nach Entfaltung und Selbstverwirklichung auch die Bedürfnisse nach Gestaltung, Personalisierung (als Spiegel der eigenen Persönlichkeit) und Sinn (sinnerfülltes Dasein), beinhalten (ebda). Der Psychologe Mihály Csíkszentmihály betont, dass Menschen ihre Umgebung als Ausdruck ihrer Persönlichkeit gestalten, um auszudrücken , wer sie sind und zugleich auch als Vorbild dafür, was sie sein könnten (Psychologie Heute, 2021/66: 31)

5.2.6 Kongruenzbedürfnisse

Kongruenzbedürfnisse beschreiben den Wunsch des Menschen, sein Wohnumfeld als passend bzw. stimmig und harmonisch hinsichtlich einer Übereinstimmung mit den individuellen Wohnwünschen und -anforderungen zu erleben. Unterschieden werden die physiologische Kongruenz in Bezug auf das körperliche Wohlbefinden (Raumklima, Temperatur, Bau- und Ausstattungsmaterialien, ergonomische Produktqualitäten), die utilitäre Kongruenz, also das Bedürfnis nach Nutzbarkeit (Raumaufteilung, Raumgrößen etc.), Hindernisfreiheit und Aufwandsminimierung (Bedienungsfreundlichkeit, Raumlogistik, Ergonomie, Wegführung) sowie die ästhetische Kongruenz (Deinsberger-Deinsweger, 2016.).

So möchte jeder Mensch von einem nach seiner Vorstellung ästhetisch ansprechenden Wohnumfeld umgeben sein. Die Vorstellung davon wird von der eigenen Wohnvergangenheit, aber auch vom sozikulturellen Umfeld und dem jeweiligen Lebenszyklus geprägt. Zudem strebt der Mensch auch nach ideeller und mentaler Kongruenz. Umgelegt auf den Wohnkontext beschreibt ideelle Kongruenz den Wunsch nach Übereinstimmung von individuellem Lebensstil und Wohnstil. In diesem Kontext kommen aber nicht nur ästhetische Kriterien zum Tragen, sondern auch persönliche (Lebens)Einstellungen und Werte wie beispielsweise Naturverbundenheit, politische, religiöse, ethnische oder kulturelle Verbundenheit. Mental-kognitive Kongruenz bezeichnet dagegen „(…) das Bedürfnis nach Zufriedenheit und Verständnis/Verstehen" (Deinsberger-Deinsweger, 2016: 154).

5.2.7 Geborgenheit und Behaglichkeit

Beinahe alle wohnraumbezogenen Bedürfnisse finden sich in dem grundlegenden Bedürfnis nach Geborgenheit und Behaglichkeit wieder. Soll doch die Wohnung als Rückzugsbereich und Kraftort dienen. Zur Erfüllung dieser Anforderung, die in der heutigen Zeit mit zunehmender Hektik und Reizüberflutung immer mehr an Bedeutung gewinnt, bedarf es eines Umfeldes, das einerseits Stress vermeidet, und andererseits mit behaglicher Atmosphäre Entspannung und eben Geborgenheit schenkt.

Das Gefühl von Geborgenheit braucht positive, (teilweise) umschließende, aber nicht beengende Räume (Alexander, 1995). Aufgrund der Ortsbindung mit dem gleichzeitigen Erleben des Eingebundenenseins wird ebenfalls eine Atmosphäre der Geborgenheit geschaffen. Anhand dieser Tatsache lässt sich erkennen, dass Geborgenheit stark mit dem sozialen Aspekt des familiären, freundschaftlichen und nicht einengenden Miteinanders korreliert. Bär greift in diesem

Zusammenhang die geborgenheitsstiftenden Zusammenhänge vom „in sich Wohnen" und „des Zuhauseseins" auf. „Geborgenheit ist demnach ein (Gefühls-) Zustand, in dem Zugehörigkeit erfüllt ist und kein bedeutender Mangel herrscht (Bär, 2008: 81 f.).

Für Reichl bedeutet „Geborgenheit" eine angenehme Atmosphäre, soziale Kontakte, Privatheit und Sicherheit; kurz ein „Zuhause"-Gefühl (Reichl, 2014: 82 ff.). Zum Thema Behaglichkeit ergänzt Reichl (2014: 169) folgende Punkte:

Abgesehen von der Ausschaltung störender Außengeräusche ist für den Lärmschutz im Innenbereich eine individuelle Raumordnung relevant (Abstand Jugendzimmer, Elternschlafzimmer, Wohnzimmer, Bad etc.). Für die thermische Behaglichkeit werden eine hohe Oberflächentemperatur – etwa durch Wandheizungen – und eine relative Luftfeuchtigkeit über Oberflächen wie Lehm oder Holz, die feuchtigkeitsregulierend wirken, empfohlen. Hinsichtlich der akustischen Behaglichkeit liegen bei den modernen Baustoffen wie Glas und Beton mit ihren harten Oberflächen lange Nachhallzeiten vor. Statt glatter, monoton wirkender Oberflächen bieten sich daher ein Materialmix und die Verwendung lebendiger, natürlicher und „weicher" Materialien wie Holz an. Räume mit großen Fensterfronten eignen sich für „Repräsentationszwecke". Bei Rückzugsräumen, die Blickschutz bieten sollen, ist es ratsam, nach Möglichkeit auf raumhohe Fensterfronten zu verzichten. Ausreichend Tageslicht – am besten vom Aufstehen bis zum Sonnenuntergang – ist in den Aufenthaltsräumen maßgeblich fürs Wohlgefühl. Die Vermeidung von Stressoren durch Licht (Blendung) und schlechte Luft sind ebenso zu vermeiden wie jene durch Überhitzung (Sonneneinstrahlung). Weitere Behaglichkeits-Komponenten sind harmonische Proportionen, abgerundete Ecken und Kanten, fließende Raumformen, Farben und Ausblick bzw. Sichtschutz. Geschützte Außenbereiche wie Eingänge, Terrassen, Sitzecken im Freien – beispielsweise durch bewachsene Trennwände oder Pergolen – leisten ebenfalls ihren Beitrag zur Schaffung von Behaglichkeit im Wohnumfeld (ebda). Erst das Gefühl der Geborgenheit führt zur Entfaltung der Kreativität und sorgt für echte Entspannung und die Entwicklung neuer Energien (Linke, 2011. Wie eine aktuelle Studie aus dem Jahr 2019 nachweist, ist „ein schönes, gemütliches, solides Zuhause" eine entscheidende Basis für ein glückliches Leben (ImmoKurier, 2019: 52).

5.3 Wohnen in unterschiedlichen Lebensphasen - Kinder und Senioren im Blickpunkt der Wohnraumplanung

Die Bedürfnisse von speziellen Personengruppen wie z. B. Kinder und Senioren sind besonders vielschichtig. Kinder brauchen zur Entwicklung und Entfaltung eine kindergerechte Wohnumgebung. Dazu gehören Geborgenheit und Sicherheit, Rückzugsmöglichkeiten (eigener Spielbereich, später ein eigenes Zimmer) und ausreichend (Bewegungs)Freiraum zum Spielen, Erkunden und Erforschen. Mit zunehmendem Alter vergrößert sich der Mobilitätsradius von Kindern und Jugendlichen, worauf mit flexiblen Grundrissen und einem naturbezogenen Umfeld entsprochen werden kann. Dazu zählen (verkehrs)sichere, differenzierte Spielmöglichkeiten. Außenräume sind nur dann kindergerecht, wenn sie sich gefahrlos erreichen und „bespielen" lassen. Eine funktionierende Nachbarschaft und damit die Einbindung in ein soziales Netz wirkt sich auf die Entwicklung von Kindern und Jugendlichen ebenfalls positiv aus (Reichl, 2014; Deinsberger-Deinsweger, 2016).

Im Hinblick auf die Planung lassen sich Gestaltung und individuelle Veränderung im Wohnraum auch nur bei flexiblen Grundrissen durchführen, wenn nämlich die einzelnen Räume gleichwertig hinsichtlich Fläche, Ausrichtung und Ausstattung und damit „funktionsoffen" sind. Dazu bedarf es allerdings einer Raumgröße von zumindest 14 m^2. Flexible Räume erlauben die Anpassung an veränderte Familien- und damit Wohnbedürfnisse und bilden damit die Basis für ein „langfristig bedarfsorientiertes Wohnen" (Reichl, 2014: 152). So können sich – je nach Lebensphase – beispielsweise Arbeitsräume in Kinderzimmer und in Folge Gästezimmer verwandeln ...

Ein Trend der Zukunft lautet „Modulares Wohnen", bei dem je nach Bedarf und sich ändernder Lebenssituation, Module und Elemente beigefügt oder entfernt werden. „Die Zukunft des flexiblen Wohnens bedeutet, sich von der Idee des festen Wohnraums zu verabschieden und sich für einen Lebensraum zu entscheiden. Flexibilität ist nicht nur eine Frage der Funktionalität, des Materials oder der Technik, sondern ist eine Frage der Vorstellungskraft" (Zukunftsinstitut, 2017: 27).

Beim bedürfnisorientierten altersgerechten Wohnen erachtet Reichl neben der barrierefreien Gestaltung, vor allem Sicherheit, Selbständigkeit und soziale Einbindung als vorrangig. Werden durch das Wohnumfeld soziale und emotionale Bedürfnisse nicht abgedeckt, kann dies zu Isolation und Einsamkeit führen (Reichl, 2014). Dementsprechend liegt die komplexe Aufgabe des Wohnbaus in der erfolgreichen Gradwanderung zwischen dem Bedürfnis nach Schutz und drohender Isolation (Deinsberger-Deinsweger, 2007).

Lösungen für diese mit dem demografischen Wandel sukzessive zunehmende Problematik finden sich unter anderem in generationenübergreifenden Wohnmodellen bzw. in Senioren Cohousing-Projekten. Die barrierefreien bzw. „Design for all"-Ansprüche mit einem Planungsansatz für die Einbindung aller Altersgruppen beinhalten unter anderem die Vermeidung von Stufen oder Schwellen sowie eine rollstuhlgerechte Gestaltung hinsichtlich der Passierbarkeit und des Bewegungsradius in den Innen- und Außenräumen einer Wohnung.

Im Wohnungsbau unterscheidet man in diesem Kontext zwischen von vornherein barrierefreien Wohnungen und solchen, die ohne größere Umbauarbeiten adaptierbar sind. Ziel ist in jedem Fall, älteren Menschen möglichst lang ein selbstbestimmtes Leben in der gewohnten Umgebung zu ermöglichen (ebda), wird doch auch nach Flade für den Menschen im Alter die Wohnung zum „Dreh- und Angelpunkt für die Lebensgestaltung" (Flade, 2008: 284). Oswald bezeichnet die nach der erwerbstätigen Lebensphase zeitlich ansteigende Aufenthaltsdauer in der Wohnung als „Intensivierung des innerhäuslichen Lebensprogrammes" (Oswald, 1996: 33), wodurch die Wohnung bzw. ihre Wohnqualität zunehmend wichtiger werden.

5.4 Wohnbedürfnisse - eine ergänzende Zusammenfassung

Piperek (1975) erwähnt noch eine Reihe von weiteren Bedürfnissen im Rahmen des Wohnkontextes. Zu diesen zählen neben der uneingeschränkten, persönlichkeitsentsprechenden Bewegungs- und Gestaltungsfreiheit auch die Tätigkeitsförderlichkeit der eigenen Wohnung und deren Umgebung, die für die Ausübung diverser Freizeitaktivitäten als psychischer Ausgleich zum (Berufs-)Alltag geeignet sein sollte. Piperek betont darüber hinaus auch die Bedeutung der Möglichkeit zur Aufnahme eines intensiven Kontakts zur Natur in der unmittelbaren Wohnumgebung. Eine Studie des Deutschen Instituts für Wirtschaftsforschung belegt beispielsweise, dass je näher Menschen in deutschen Großstädten an einem Park leben, desto zufriedener sind diese mit ihrem Leben. Ein Leben in der Nähe von Brachflächen verringert hingegen die Lebenszufriedenheit (Psychologie Heute, 2021/66: 49). Besonders eklatant zeigt sich dies bei Befragten fortgeschrittenen Alters. Ein fußläufig erreichbares Stückchen Grün fördert Zufriedenheit, seelische und körperliche Gesundheit und eine höhere Teilnahme am sozialen Leben (ebda). Neben Sicherheit, Ausblicken, natürlichem Licht, Sauberkeit in der Wohnung selbst und in der Wohnumgebung sind nicht zuletzt auch Stil, Ästhetik, Vielfalt von Wohnbau-Formen, Behaglichkeit und das Vorhandensein

5.4 Wohnbedürfnisse; eine ergänzende Zusammenfassung

einer persönlichen Note maßgebliche Faktoren, wenn es um die Befriedigung von Wohnbedürfnissen geht.

Die Bedürfnisse nach Funktionalität und Ordnung betreffen die Wohnqualität eines Lebensraumes. Ergänzend zur schönen Lage und angemessenen Größe einer Wohnung übt vor allem die umliegende Infrastruktur (Versorgungsmöglichkeiten, Kinderbetreuungseinrichtungen, öffentliche Verkehrsanbindung etc.) Einfluss auf Wohlbefinden und Lebensqualität aus (Maderthaner, 1998).

Die Bedeutung von Ästhetik und Kreativität in der Planung und Gestaltung von gebauter Umwelt wird nach Maderthaner (1998) oftmals unterschätzt. Die ästhetische Bewertung des eigenen Lebensraumes kann zu einem höheren Wohnprestige, zu einer größeren Wohnzufriedenheit und zu stärker Ortsgebundenheit führen. Außerdem sinkt die Neigung zu Vandalismusakten, die Einsatzbereitschaft für kommunale Angelegenheiten der Wohnumgebung wird dagegen gefördert (ebda).

"Wohnen" – eine systemische Betrachtung 6

Das Thema „Wohnen" eröffnet ein weitläufiges Beobachtungsfeld, das mit zunehmender Betrachtung an Tiefe gewinnt und die Komplexität der systemischen Zusammenhänge vor Augen führt. Die Interaktion mit dem Wohnungsumfeld inkludiert weit mehr Bereiche als vom Nutzer vielleicht vermutet bzw. auch bewusst wahrgenommen. Im Kontext mit den gesellschaftlichen Veränderungen bietet das Wohnen ein stets lebendiges, atmosphärisch dichtes Betrachtungsfeld, das ökonomische, soziokulturelle wie demografische Entwicklungen widerspiegelt und laufend neue Anforderungen an die Interpretation zeitgemäßer, nachhaltiger und visionärer Wohnmodelle und -konzepte stellt.

Auch wenn die individuelle Wohnzufriedenheit – abhängig von subjektiven Lebensumständen und -zusammenhängen –, wie schon in Abschnitt 3.5. angeführt, nicht mit der objektiven Wohnqualität gleichzusetzen ist, gilt es dennoch zu hinterfragen, warum in Österreich knapp unter, in Deutschland knapp über 50 % der Bevölkerung und in der Schweiz auch jeder Zweite mit seiner Wohnsituation nicht glücklich ist (Zukunftsinstitut, 2018: 70).

Die Gründe dafür liegen an objektiven, technischen, funktionalen und nicht zuletzt psychologischen Kriterien: Wohnungsgröße und -schnitt, Hellhörigkeit, nicht adäquate Ausstattung, zu wenig Licht oder auch ein nicht an- bzw. entsprechendes Umfeld sind nur einige der beanstandeten Mängel, die die Wohnqualität sichtlich maßgeblich beeinträchtigen (ebda).

Aber wie kommt es nun zu diesen offensichtlichen Qualitätseinschränkungen im Wohnumfeld? Liegt die Ursache dafür an einer zu geringen Wohnbedürfnis-Berücksichtigung bei der Wohnbau-Errichtung, an zu hohen Nutzer-Anforderungen, an wirtschaftlichen Faktoren, die adäquate Wohnungswahl betreffend, oder vielleicht auch teilweise an der mangelnden Beurteilungsfähigkeit der Wohnungssuchenden, was die tatsächliche Qualität der angebotenen

Wohnungen anbelangt bzw. deren Selbstreflexion in Bezug auf die jeweils individuellen lebensstilbezogenen Wohn-Anforderungen?

Aus systemischer Sicht geht es für eine Steigerung der subjektiv empfundenen Wohnqualität nicht alleine um eine bessere und umfangreichere Aufklärung der Wohnungssuchenden bereits im Vorfeld hinsichtlich objektiver Qualitätskriterien wie Gebäudecharakteristik, Bauweise, Materialien, Raumkonzept oder Ausstattung. Vielmehr geht es in diesem Kontext vorrangig um die Schärfung des Bewusstseins für die Wohnbedürfnisse. Es geht um die Frage, inwieweit sich Nutzer – als Grundlage für die von ihnen angestrebte Wohnzufriedenheit – ihrer Wohnvergangenheit, ihrer Bedürfnisse und aktuellen Anforderungen sowie ihrer (Wohn)Vorstellungen, die Zukunft betreffend, überhaupt bewusst sind.

Das von Reichl (2014) angedachte Konzept der Bedürfnisanalyse widmet sich zunächst der Wohnvergangenheit der Wohnungssuchenden bezüglich jener Wohnsituationen und -konzepte, die ein positives Wohngefühl ausgelöst haben. Eine Gegenwartsanalyse betrachtet auf Basis der (oft unbewussten) Wohnbedürfnisse den individuellen Lebensstil und die Lebensgewohnheiten (Tagesablauf, Kommunikations- und Freizeitverhalten …) und erfragt diesbezügliche, konkrete Wohnwünsche als Grundlage für das Anforderungsprofil, welches die Wohnung erfüllen sollte. Eine zusätzliche Prioritätenliste führt die Relevanz der einzelnen Wohnumfeld-Komponenten (Lage, Ausrichtung, Infrastruktur etc.) hinsichtlich möglicher Kompromisse vor Augen. Letztendlich steckt ein Blick in die Zukunft, auf die sich hier möglicherweise verändernden Lebensbedingungen und Wohnanforderungen, die Rahmenbedingungen für das gewählte Wohnumfeld noch detaillierter ab. Da Wohnen einen stark emotionsbehafteten und individuellen Charakter besitzt, ist es wichtig, nicht nur die eigenen, sondern auch die diesbezüglichen Bedürfnisse und Anforderungen aller im Haushalt lebenden Personen gleichermaßen zu erfassen. Vom Bedürfnis nach Ruhe und Geborgenheit über das Ausmaß der gewünschten nachbarschaftlichen Kontakte bis zu den Möglichkeiten, sich das Umfeld durch gestalterische Maßnahmen anzueignen. Hier gilt es, eine für alle Familienmitglieder/Mitbewohner vertret- und lebbare Lösung zu erarbeiten bildet doch letztendlich das Bewusstsein für das individuell optimierte Wohnkonzept die Basis für die Wohnentscheidung und damit für eine nachhaltige Wohn- und Lebensqualität (Reichl, 2014) 288 ff. Auch Deinsberger betont, dass das Erkennen und Berücksichtigen des vielschichtigen Beziehungsgeflechts zwischen den Bewohnenden und ihrem jeweiligen Wohnumfeld entscheidend für das Gelingen von Wohnbauprojekten sei. „Dabei reicht es nicht aus, einige selektive humanwissenschaftlichen Komponenten bloß am Rande des Planungsprozesses miteinzubeziehen, sondern diese müssen ins Zentrum des Entwurfsansatzes gestellt werden, damit eine bauliche Struktur nicht nur ein Gebäude darstellt, sondern zu einem Lebensraum – zu einem menschlichen Habitat wird" (Deinsberger, 2016: 47).

Fazit 7

Generell ist festzuhalten, dass sich die Forschung im Bereich der Wohn- und Architekturpsychologie als durchaus schwierig erweist und nicht eine allgemein gültige Vorgehensweise für die Optimierung von Wohnbauten liefert. Schließlich unterscheidet sich jeder Wohnbaustandort vom anderen und selbst, wenn man bei erfolgreich bestehenden Projekten deren positiven wie negativen Aspekte herausfiltern und auf ein anderes Projekt umlegen würde, handelt es sich hierbei wieder um subjektive empirisch gewonnene Ergebnisse, die sich nicht 1:1 umlegen lassen (Deinsberger-Deinsweger, 2016). Auch der Zeitfaktor und individuelle Sichtweisen spielen in diesem Zusammenhang eine Rolle. Zudem ändern sich je nach Lebenszyklus auch die Wohnbedürfnisse bzw. deren Ausprägung. Ein Wohnumfeld, das zunächst den aktuellen Bedürfnissen und individuellen Anforderungen entspricht, kann in der nächsten Lebensphase als „nicht mehr adäquat" empfunden werden. Empirische Studien sind, wenn der Zeitfaktor außer Acht gelassen wird, somit meist Momentaufnahmen, die für andere Zeitpunkte der Betrachtung nicht mehr repräsentativ sein müssen (Flade et al., 2004). Die psychologischen Verhaltensmerkmale beschreiben dagegen die Bedürfnisse der Bewohnenden und deren Reaktion auf die sie umgebenden Umwelt. Relevant bei Evaluierungsmaßnahmen ist die inhaltliche Vollständigkeit, also die Berücksichtigung aller Qualitätsaspekte sowie die Einbeziehung aller Nutzergruppen der zu untersuchenden Umwelt (Flade, 2008). Der Wohnbereich besteht in der westlichen Kultur aus einer Anzahl mono- oder heterofunktional differenzierter Räume, die zum Nutzen von Individuen oder einer Gemeinschaft von Personen zu einer Einheit zusammengefasst sind. Zum Zuhause wird die Wohnung durch ihre Nutzung und Anpassung an spezifische Bedürfnisse, Aneignung und Identifikation. Mit der Wohnung verbindet sich Stolz über Besitz und Lebensweise. Die Beurteilung erfolgreicher Wohnverhältnisse erfolgt über objektive und subjektive Indikatoren.

Zu den subjektiven Indikatoren gehört z. B. das Wohlbefinden und die Zufriedenheit der Bewohner (Galster, 1987), zu den objektiven, Lage, Ausstattung und Größe. „Ein schönes Aussehen und ein hoher Immobilienwert der eigenen Wohnumgebung erhöhen das Selbstwertgefühl und die Wohnzufriedenheit" (Flade, 2006: 58).

Ein wichtiger Aspekt für ein positives Wohnempfinden ist neben der Wohnumgebung auch das Erscheinungsbild des Hauses oder der Wohnung. Flade (2008) kommt zur Erkenntnis, dass lieblos geplante Wohnumfelder unser Selbstwertgefühl stören und sogar negative Selbstentwicklungen des Wohnenden verursachen können. Mit der Wohnung stellt sich der Mensch in seinem sozialen, habituellen Kontext nach außen dar und zeigt objekthaft, wer er ist und wem er sich zugehörig fühlt. In der Raumplanung ist es daher unumgänglich, das Selbst und die Bedürfnisse des darin wohnenden Menschen zu erfassen und über die konkretisierende Innenschau der Planungsgrundlage zum äußeren, ästhetischen Ausdruck seiner Überzeugungen und Werte zu gelangen. Das Haus oder die Wohnung wird somit kongruenter Ausdruck unseres Selbst und deutet im gleichen Maß auf unsere Individualität und Unverwechselbarkeit hin (Reichl, 2014).

Nichts im Leben eines Menschen ist so zentral wie die Suche nach dem eigenen Zuhause. Tiefenpsychologisch ist das Zuhause mit dem inneren Abbild „Haus" als Symbol verbunden und steht sowohl für das Finden als auch das Entdecken der eigenen Wesensnatur. Im Zuhause geht es nicht nur darum, den innerpsychischen Aspekt des „in sich Wohnens" zu pflegen und zu bewahren, sondern diesen auch im Außenraum zu manifestieren. Das Zuhause ist sowohl ein Ankerpunkt für Ordnung und Struktur als auch ein Spiegel sozialer Normen und Zugehörigkeit; ein Ort an dem man sich zurückziehen und regenerieren können muss (Reichl, 2014).

Den Weg zu qualitätsvollen, humanen Lebensräumen könnte die Wohn- und Architekturpsychologie weisen. Allerdings stehen die Bedürfnisse der Menschen hinsichtlich der Wohnqualität bzw. -zufriedenheit beim Bauen in der Regel nicht unbedingt immer im Mittelpunkt des Interesses (Psychologie Heute, 2021/66), geht es doch laut der bereits erwähnten Studie unter Bauträgern und Architekten zum Thema „Wohnqualität im mehrgeschossigen Wohnungsneubau" heute oftmals in erster Linie um Schnelligkeit, Kostenoptimierung und Gewinnmaximierung. Sowohl von Errichter-, als auch von Nutzerseite wird dabei ganz klar zwischen Miet- und Eigentumsobjekten unterschieden. Aufgrund der Tatsache, dass das Wohnungsumfeld, entsprechend der sich verändernden Lebenssituationen, heutzutage flexibel gestaltbar ist, wird insbesondere im Mietbereich ganz offensichtlich ein anderer Qualitätsmaßstab angelegt als im Eigentum (Purkarthofer, 2019).

7 Fazit

Wird zwar seitens der Errichter mehrheitlich auf Trendforschung und Bedarfsanalysen Wert gelegt, konnte sich die Einbindung einer wohn- und architekturpsycholgischen Expertise – optimalerweise schon in der Zieldefinition und Planungsphase – bei den Befragten bislang noch nicht durchsetzen (ebda). So wie sich die Gesellschaft verändert, so ändern sich auch die Anforderungen an das moderne Wohnen. Die Trendforschung versucht, dieser Entwicklung einen Schritt voraus zu sein und damit den Wohnbauplanenden eine Richtlinie zu bieten, wohin die (Wohn)Reise führen wird. Laut Zukunftsinstitut (2019) werden sich bis ins Jahr 2050 Gesundheit und Ökologie zur gestalterischen Triebfeder von Wohnquartieren, Städten und Kommunen entwickeln. Besonderes Augenmerk werden Zukunftsexperten und -expertinnen auch auf das Thema „Neuroarchitektur" und die Frage richten, welchen Einfluss die gebaute Umgebung auf Stimmung und Wohlbefinden der Menschen hat (Horx-Strathern, 2019).

Homeoffice – Segen oder Belastung?

Wohn- und architekturpsychologische Überlegungen zur Gestaltung eines Homeofficebereiches

Corona verändert die Welt. Seit Beginn der Pandemie hat das Homeoffice zunehmend an Bedeutung gewonnen und damit auch die Arbeitswelt revolutioniert. Die eigenen vier Wände müssen plötzlich eine zusätzliche Funktion erfüllen, was meist auch neue Raumqualitäten erfordert. Keine leichte Herausforderung – wenn die Räume dieselben bleiben und für produktives Arbeiten deren Adaptierung oder überhaupt Neu-Gestaltung unabdingbar sind. Besonders dann, wenn mehrere Familienmitglieder gleichzeitig zu Hause arbeiten oder lernen müssen bzw. hier ihren Freizeitaktivitäten nachgehen möchten. Freizeit und Arbeitsleben, Privatheit und Beruf fließen ineinander und benötigen neben den räumlichen Voraussetzungen auch neue „Spielregeln" für das Miteinander. Permanente Erreichbarkeit, mangelnde soziale Interaktion, schwierige Abgrenzung von Berufs- und Privatleben, fehlende Regenerationsmöglichkeiten, Kinderbetreuung und Homeschooling fordern nicht selten ihren Tribut. Der hier entstehende Langzeitstress erweist sich als äußerst beeinträchtigend für das Immunsystem, die Burnout-Gefahr steigt.

Im Kampf gegen die Pandemie setzen seit März 2020 immer mehr Unternehmen auf die Arbeit im Homeoffice. Wie eine Umfrage des Bundesamts für Sicherheit in der Informationstechnik (BSI) unter rund 1000 Unternehmen, die Homeoffice anbieten, ergibt, arbeiteten vor Corona 25 % im Homeoffice. In der Pandemie arbeiten im Schnitt 64 % der Beschäftigten voll oder teilweise im Homeoffice.

Einer – im Auftrag von DEKRA (Deutsche Prüfgesellschaft im Sachverständigenwesen) vom Markt- und Meinungsforschungsinstitut forsa durchgeführten – repräsentativen Befragung zur „Sicherheit am Arbeitsplatz und zum Arbeitsschutz" zufolge, klagt bereits jeder dritte Beschäftigte über gesundheitliche Probleme. 36 % der Befragten machen den „mangelhaften, nicht-ergonomischen Arbeitsplatz verantwortlich für Verspannungen im Rücken bzw. Kopfschmerzen.

32 % der Interviewten berichten über längere und für sie untypische Arbeitszeiten; abends oder auch am Wochenende. Über Störungen durch die Wohnsituation oder den Alltag – sei es durch Familie, Nachbarn oder Lärm von außen – beklagen sich 30 % der im Homeoffice Arbeitenden. 27 % berichten über Probleme aufgrund eines nicht eindeutig abgegrenzten Arbeitsbereichs bzw. eines nicht separierten Arbeitszimmers; inadäquate IT-Hard- und Software beeinträchtigen 21 %. Obwohl 67 % die flexible Zeiteinteilung im Homeoffice positiv beurteilen, fehlt 71 % der persönliche Kontakt zu den Kollegen (forsa 2021).

Auch wenn Homeoffice also einige, doch gravierende Nachteile mit sich bringt, erfreut sich das neue Arbeitskonzept unter anderem aufgrund der flexiblen Zeiteinteilung immer größerer Beliebtheit und wird aller Voraussicht nach auch in Zukunft fixer Bestandteil der Arbeitswelt bleiben. Damit Homeoffice zu einer für alle Beteiligten gelungenen Arbeitsform wird, bedarf es neben der Berücksichtigung einer Reihe von wirtschaftlichen, rechtlichen und organisatorischen Aspekten auch der Betrachtung der wohn- und architekturpsychologischen Faktoren zur Schaffung qualitätsvoller humaner Lebens- und Arbeitsräume.

8.1 Voraussetzungen für das effiziente Arbeiten zu Hause

8.1.1 Gebäude-Softskills, die „weichen" Gebäudefaktoren im Blickpunkt

Die Qualität von Gebäuden/Räumen lässt sich an einer Vielfalt von Aspekten messen. Meist werden jedoch nur die „harten, technischen" Faktoren wie beispielsweise Design, Funktion oder Energieeffizienz zur Beurteilung herangezogen, weniger die so genannten Gebäudesoftskills".

Der Begriff der Gebäudesoftskills ist ein noch junger Terminus und bezieht sich auf all jene Gebäudeeigenschaften, die die Qualität der gebauten Umwelten maßgeblich beeinflussen und sich langfristig, teils unbewusst auf Wahrnehmung, Verhalten und Gesundheit auswirken. Gebäudesoftskills können gerade auch im Arbeitskontext die Entspannung/Regeneration und Gesundheit fördern, Konzentration, Motivation wie Kommunikation positiv beeinflussen und die Effizienz steigern. Zu den Gebäudesoftskills zählen Farben, Licht, Materialien, Naturelemente, Akustik, Raumklima, Ergonomie genauso wie wohn- und architekturpsychologische Themen wie Offenheit – Abgrenzung – Privatheit, Selbstbestimmung, Kontrolle und Regulation (Buxbaum et al., 2021).

8.1.2 Physische und psychische Trennung von Beruf und Privatleben, Arbeits- und Freizeitbereich

Wenn das Büro in die eigenen vier Wände übersiedelt, fallen neben dem Kontakt mit den Kollegen und den geregelten Arbeitszeiten auch der Weg ins bzw. vom Büro und damit auch der zeitlich/räumliche Abstand zwischen Privat- und Berufsleben weg. Die Herausforderung liegt nun darin, diese wichtige „Pufferzone" auszugleichen und neue Strukturen, Abläufe und Rituale zu entwickeln, um sich bestmöglich vor Stress und Überlastung zu schützen.

8.1.2.1 Die Physische Trennung

Um das Homeoffice harmonisch in die eigenen vier Wände zu integrieren, ist die räumliche Trennung von Arbeits- und Privatbereich der erste Schritt. Für ein konzentriertes, produktives und störungsfreies Arbeiten empfiehlt sich die Etablierung eines fixen Arbeitsplatzes, an dem Arbeitsunterlagen, Computer, Bildschirm und technisches Zusatzequipment ihren Platz finden und nicht nach der Arbeitszeit wieder weggeräumt werden müssen.

Einen eigenen Arbeitsraum als Homeoffice einrichten zu können, ist nicht immer möglich. Somit bedarf es meist einiger räumlicher Umgestaltungsmaßnahmen. Prämisse dabei sollte die optische, optimalerweise auch akustische Abgrenzung des Arbeitsbereiches sein, um Crowdingsituationen durch Mitbewohner zu vermeiden und bestmöglich vor Ablenkung geschützt zu sein.

Die Einrichtung des Arbeitsplatzes im Schlafzimmer erweist sich als eher kritisch, da sich hier leicht die Nutzungsoptionen des Raumes vermischen und einander beeinträchtigen. So kann beim Arbeiten der Blick aufs Bett als Ruhe- und Entspannungsbereich leicht die Konzentration stören. Andererseits wirken sich technische Geräte aufgrund ihrer elektromagnetischen Strahlung im Schlafbereich störend auf die Nachtruhe aus. Fallen der erste Blick am Morgen und der letzte Blick am Abend auf den Stapel unerledigter Arbeit, wirkt sich dies ebenfalls negativ auf Entspannung und Regeneration aus.

8.1.2.2 Die psychische Trennung

Für eine funktionierende Work-Life/Family-Balance gilt es einige essenzielle Punkte zu beachten:

- Rituale einführen bzw. beibehalten
  Es mag verführerisch sein, noch im Schlafanzug die ersten Mails zu beantworten und im Freizeitoutfit den Arbeitstag zu verbringen. Der Jogginganzug oder

andere, zu legere Kleidung signalisieren dem Unterbewusstsein jedoch „Entspannung", womit es schwerer wird, das Arbeitspensum motiviert in Angriff zu nehmen und produktiv zu arbeiten. Die Einhaltung der alltäglichen Morgenrituale (Ankleiden – Makeup…) und angemessene Kleidung unterstützen die „Arbeitsmotivation". Auch der „Weg ins und vom Homeoffice" kann zum „Trennungsritual" zwischen Freizeit und Arbeit gestaltet werden.

- Arbeitszeiten festlegen
  Zu Hause zu arbeiten, erfordert Selbstdisziplin. Festgelegte Arbeitszeiten und die Einhaltung von Pausen schaffen auch im Homeoffice einen strukturierten Tagesablauf – ähnlich dem Arbeitstag im Büro.
- Teamkontakt, Entspannung und Bewegung
  Zur Arbeitszeit gehören auch Pausen und Auszeiten. Diese lassen sich ebenso zu informellen Online-Meetings mit Kollegen wie zur Regeneration mittels Entspannungstechniken oder Bewegung – am besten im Freien – nutzen. Ein kurzer Spaziergang in der Natur unterstützt Stressabbau und Erholung (mehr dazu in Abschnitt 8.2.2.4.3., Natur und Naturelemente).

  Der Vorteil im Homeoffice – man ist unbeobachtet und kann auch zwischendurch durch ein wenig Bewegung neue Energien sammeln. Sei es durch Dehnungsübungen, ein mobiles Sitzkissen, einen Sitzball und dergleichen mehr. Zumindest alle 50 bis 60 Minuten sollte man in jedem Fall die Bildschirmarbeit unterbrechen, die Augen entspannen und einige Lockerungsübungen für Arm-, Schulter- und Nackenbereich durchführen.
- Private Bereiche während der Arbeit meiden
  Der volle Wäschekorb, der Roman am Sofa, das Geschirr, das in die Spülmaschine gehört oder die Spielkonsole… Wer nicht in Versuchung geraten möchte, sollte während der festgelegten Arbeitszeit den privaten Räumen/Bereichen besser fernbleiben und Bücher, Handy, Fernseher und Co möglichst weit entfernt vom Arbeitsbereich platzieren.
- Klare Regeln schaffen Verhaltenssicherheit
  Homeoffice und Homeschooling stellen an alle Familienmitglieder hohe Anforderungen. Geduld, Rücksichtnahme und Flexibilität sind gefragt. Gemeinsam aufgestellte Regeln für das Miteinander – auch auf engem Raum – sorgen für effizientes Arbeiten und geregelte Freizeit. Gilt es, beispielsweise Kleinkinder zu beaufsichtigen oder mit größeren Kindern zu lernen, lassen sich zwischen den Partnern klare Betreuungszeiten festlegen. Ein Nachbarschafts- oder Familiennetzwerk kann in turbulenten Zeiten helfen und entlasten.
- Eindeutige Signale nach außen setzen
  Die geschlossene Tür zum Arbeitszimmer – eventuell auch mit einem „Bitte nicht stören-Schild" – ist eine klare Botschaft. Bei den, in den Wohnbereich

integrierten Arbeitsplätzen ist beispielsweise ein Kopfhörer ein deutliches Signal, ungestört arbeiten zu wollen.

8.1.3 Analyse der individuellen Homeoffice-Anforderungen

Bevor man an die Gestaltung des Homeoffice herangeht, ist es ratsam, die eigenen Bedürfnisse hinsichtlich der gewünschten Raumfaktoren und Ausstattungsdetails zu analysieren. Eine Checkliste hilft dabei, ein umfassendes Bild über die tatsächlichen Anforderungen an den Arbeitsplatz in den eigenen vier Wänden zu erhalten. Die auf dieser Analyse beruhende, bewusste Arbeitsraumgestaltung bildet die Voraussetzung für langfristige Freude, Zufriedenheit, Motivation Kreativität und Leistungsfähigkeit im Homeoffice.

- Zunächst gilt es, die Art der Tätigkeit und deren spezifische Anforderung zu betrachten. Handelt es sich um Routinearbeiten oder um Aufgaben, die höchste Konzentration erfordern, ist Kreativität gefragt oder analytisches Denken? Je nach Arbeitstyp und Aufgabe braucht man für produktives Arbeiten entweder ungestörte Ruhe oder auch Musik bzw. Umgebungsgeräusche...
- Wie groß ist der tatsächliche Platz bzw. Raumbedarf? Benötigt die Tätigkeit lediglich einen bequemen, eventuell auch flexiblen Laptop-Arbeitsplatz oder einen eigenen Schreibtisch, zusätzliche Regale, Aktenschränke und eventuell sogar ein Besprechungssetting?
- Wie umfangreich sind die technischen Anforderungen? Ist die Internetverbindung ausreichend – auch wenn alle Familienmitglieder gleichzeitig zu Hause arbeiten/lernen? Funktioniert das WLAN am Arbeitsplatz? Entsprechen Computer, Bildschirm, Software, Fax, Scanner, Drucker den tatsächlichen Ansprüchen? Welches Zusatzequipment wie Kopfhörer, Kamera, WLAN-Repeater wird benötigt für die eigene Tätigkeit bzw. jene der Mitbewohner?
- Die eingangs beschriebenen Softskills eines Raumes wie Farben, Dekoration, Naturbezug, Arbeits- und Entspannungslicht, Geräusche und Gerüche sind maßgebliche Faktoren für das persönliche Wohlgefühl im Arbeitskontext. Hier gilt es zu eruieren, welche Atmosphäre individuell Konzentration, Motivation und Kommunikation fördert.
- Wer konzentriert arbeitet, muss sich zwischendurch auch regenerieren können. Entspannungstechniken und Bewegung sind die eine Möglichkeit, der Rückzug in einen privaten Bereich die andere. Hier stellt sich die Frage, wie dieser Raum, diese Nische/dieser Platz beschaffen sein sollten bzw. welche

Gestaltungs- und Einrichtungsaspekte, die die individuelle Erholung oder auch Kreativität unterstützen und fördern, Berücksichtigung finden sollen.

8.2 So gelingt das „Hoffice" in der Praxis

Das Büro zu Hause, nach Horx-Strather (2021) auch „Hoffice" genannt, darf das herkömmliche Arbeitsraum-Verständnis von „Aktenschrank + Schreibtisch + Sessel + Lampe" durchbrechen und individuelle Formen annehmen, den persönlichen Stil des hier Arbeitenden widerspiegeln und neben ergonomischer Funktionalität individuellen, inspirierenden Charakter besitzen. Jeder Raum ist das, was man aus ihm macht.

8.2.1 Der Arbeitsplatz, Ergonomie und Ausstattung

8.2.1.1 Raum und Lage
Ein eigenes Arbeitszimmer in der Wohnung ist die wünschenswerte Lösung für die Etablierung des Homeoffice. Hier sollte der Schreibtisch mit dem Blick zu Tür und Fenster positioniert, werden. In der Kombination mit einer Wand im Rücken wird das Bedürfnis nach Schutz und Kontrolle erfüllt.

Muss im Wohnbereich eine Arbeitsecke gestaltet werden, so ist die optische Trennung durch unterschiedliche (auch multifunktionelle) Möbel und Trennelemente wie Raumteiler, Regale – eventuell auch auf Rollen –, Paravents, Vorhänge oder Pflanzen zu bewerkstelligen. Unterschiedliche Wandfarben, Lichtstimmungen, Bodenbeläge und Teppiche unterstreichen die Zonierung in Arbeits- und Privatbereich.

Ist im Homeoffice Kundenverkehr nötig, sollte dieser für eine klare Trennung zwischen Privat- und Berufswelt fernab der privaten Räumlichkeiten stattfinden. Hierfür eignen sich vor allem Räume, die nahe beim Eingang liegen und direkt vom Korridor aus erreichbar sind.

8.2.1.2 Mobiliar
Die Möbelindustrie bietet bereits eine große Auswahl an Schrank- und Regalsystemen mit „Büro"-Elementen an. Häufig sind die Elemente mit Falt- oder Schiebetüren versehen, hinter denen Akten, Computer, Drucker usw. verschwinden. Idealerweise sollte im Arbeitsbereich auch eine Regenerations-Zone Platz

8.2 So gelingt das „Hoffice" in der Praxis

finden, die sich in ihrer Gestaltung vom restlichen Ambiente unterscheidet und sowohl Sitzalternativen bietet als auch Erholungsqualitäten besitzt.

- **Der Schreibtisch,** Herzstück jeden Büros, ist in Größe, Funktion/Organisation und Design mitentscheidend für produktives Arbeiten. Ein separater Arbeitstisch leistet in jedem Fall bessere Dienste als ein zweckentfremdeter Esstisch, der nach getaner Arbeit im wahrsten Sinne des Wortes „ordnungshalber" wieder seiner eigentlichen Funktion zugeführt werden sollte, um nicht die Arbeits- mit der entspannten Essensatmosphäre zu vermischen.

  Ein guter Schreibtisch sollte über eine ausreichend tiefe und große Arbeitsplatte verfügen sowie höhenverstellbar sein, um auch im Stehen arbeiten/telefonieren zu können. Erstens bietet dies eine Möglichkeit zur Bewegung, andererseits ist man im Stehen weniger anfällig für Stress ist doch im Sitzen, evolutionär bedingt, das Schutz- und Distanzbedürfnis höher, da hier die Reaktions- und „Flucht"-Möglichkeiten geringer sind.

- **Der Bürostuhl** ist unabdingbar für langes Arbeiten am PC und ein entscheidender Wohlfühlfaktor. Der richtige Bürostuhl entspricht in Größe und Breite den Körperproportionen, verfügt über Armlehnen und ist in der Höhe verstellbar. Die Rückenlehne sollte beweglich sein, über die gesamte Schulterhöhe reichen, eine ergonomische Krümmung besitzen und so den Rücken vom Becken bis zu den Schulterblätternund insbesondere die Lendenwirbelsäule unterstützen. Für ein „gesundes Sitzen" entscheidend ist, eine möglichst aufrechte Haltung einzunehmen und dabei Kopf, Nacken, Schulter und Arme in eine entspannte und natürliche Position zu bringen. In der optimalen Sitzposition liegen die Unterarme am Schreibtisch auf, während die Schultern locker hängen. Ober- und Unterarme bilden einen rechten Winkel. Hände, Handgelenke und Unterarme sollten nach Möglichkeit eine Linie bilden. Die Füße stehen flach auf dem Boden, Ober- und Unterschenkel bilden einen rechten Winkel. Eine Fußstütze beugt Ermüdungserscheinungen vor.

- **Monitor, Tastatur und Maus** Die Bildschirmoberfläche sollte immer senkrecht zum Fenster stehen, um Spiegelungen im Bildschirm zu verhindern, was die Konzentration beeinträchtigt und die Augen ermüdet. Die Oberkante des Bildschirms befindet sich optimalerweise auf Augenhöhe, um die Nackenmuskulatur nicht zu überlasten. Der ideale Abstand zwischen Augen und Bildschirm liegt zwischen 50 und 80 cm. Bei einer Arbeitstätigkeit, die mit viel Lesen verbunden ist, ist ein Dokumentenhalter anzuraten, um den Kopf nicht ständig stark nach unten neigen zu müssen. Die Tastatur wird so positioniert, dass beim Schreiben in aufrechter Haltung die Unterarme 90 Grad angewinkelt sind. Die Maus liegt neben der Tastatur, bei ihrer Benutzung soll der Unterarm komplett auf dem Schreibtisch bzw. der Armlehne aufliegen, sodass er stets gestützt bleibt. Ergonomische Mousepads mit einer integrierten Handgelenksauflage schützen zudem vor Überlastung der „Maushand".

8.2.1.3 Technische Ausstattung

Um ein möglichst stressfreies Arbeiten zu ermöglichen, ist die Qualitätsanpassung der Hard- und Software bzw. des technischen Zusatzequipments an die individuellen Anforderungen Voraussetzung. Kaum etwas verbraucht mehr unnötig Energie und sorgt für Überforderung wie eine inadäquate IT-Lösung, Staus im Drucker, Internet-Ausfälle oder ein zu schwaches WLAN. Arbeiten mehrere Familienmitglieder im selben Raum – was in Zeiten der großzügigen, offenen Wohn-Ess-Küchen-Grundrisse keine Seltenheit sein dürfte – sind Noise-Cancelling-Kopfhörer empfehlenswert, die unerwünschten tieffrequenten Lärm reduzieren. Für störungsfreie Online-Meetings müssen Kamera und Mikrofon eine einwandfreie Qualität besitzen. Will man seine Homeoffice-Umgebung nicht fremden Augen preisgeben und so seine Privatheit schützen, sind digitale Hintergründe anzuraten.

Das Arbeiten am Laptop ist prinzipiell für eine zeitlich kürzere Nutzung gedacht. Da Tastatur und Monitor eng beieinander liegen, lässt sich der Laptop nur mit vorgebeugter, die Nackenmuskulatur strapazierender Kopfhaltung respektive in nicht ergonomischer Armhaltung benutzen. Für längere Arbeitsphasen empfiehlt sich daher externes Zubehör in Form von Monitor, Tastatur und Maus. Mit einer Dockingstation oder Bluetooth-Geräten lässt sich ein ergonomischer Laptop-Arbeitsplatz schnell und einfach installieren.

8.2.1.4 Licht, Aktivierung für Körper und Geist

Licht kann die Gesundheit fördern oder auch beeinträchtigen, die Laune heben, Motivation und Konzentration positiv beeinflussen oder auch depressive Stimmungen unterstützen. Licht ist ein ganz wesentlicher Faktor für das Wohlbefinden – hat sich doch der Mensch in seiner Entwicklungsgeschichte an den natürlichen Tag-Nacht-Rhythmus gewöhnt. Das kühle Morgenlicht wirkt anregend, das warme Abendlicht entspannend.

Empfehlenswert für die physische und psychische Gesundheit ist die Anpassung des Lebensrhythmus an den Tageslichtverlauf und natürliches Licht, wo immer nur möglich, zu nutzen (licht.de, 2021) Der gezielte Licht-Einsatz verbessert Stimmung, Abwehrkräfte und Leistungsfähigkeit. Optimalerweise sollte daher im Arbeitsbereich das Lichtniveau der Tageslichtqualität entsprechen, um Konzentration und Aufmerksamkeit zu unterstützen.

8.2 So gelingt das „Hoffice" in der Praxis

Gute oder schlechte Beleuchtung wirkt sich nicht nur auf das Auge aus, sondern auch unmittelbar auf Hormonhaushalt, Stoffwechsel sowie Kreislauf und damit auf das körperliche wie seelische Wohlbefinden. Falsches Licht – Blendung, zu wenig Licht, zu starke Kontraste, die falsche Lichtfarbe, irritierendes Flimmern… – führt zu rascher Ermüdung, beeinträchtigter Konzentration und körperlichem Unbehagen.

- **Lichtfarbe, von anregend bis behaglich**
  Je nach Raumart und -nutzung werden unterschiedliche Anforderungen an die Beleuchtung gestellt – von der reinen Grund- bis zur Stimmungs- und Akzentbeleuchtung. Für die Atmosphäre des Lichtes sind Lichtfarbe und Farbwiedergabe von entscheidender Bedeutung. Der Mensch erlebt seine Umwelt nicht nur als Hell und Dunkel, Licht und Schatten, sondern auch durch Farben. Das von Lichtquellen abgestrahlte Licht besitzt eine Eigenfarbe, die sogenannte Lichtfarbe. Sie wird bestimmt durch die Farbtemperatur in Kelvin (K). Je höher die Temperatur, desto kühlweißer die Lichtfarbe. Die Lichtfarbe hat auch Auswirkungen auf den circadianen Rhythmus des Menschen. Sie ist deshalb ein wichtiges Kriterium bei der farbdynamischen Planung einer biologisch wirksamen Beleuchtung nach dem Vorbild des natürlichen Tageslichts (licht.de, 2021).
  Helles und Warmweißes (ww) Licht (2700 – 3300 K) wird als gemütlich und behaglich empfunden, regt zur Kreativität und Kommunikation bzw. Kooperation an und fördert abstraktes Denken. Eine Glühbirne hat etwa 2700 K, was einem warmen Licht entspricht, auch Kerzenlicht erscheint mit 1500 K warm und gelb.
  Neutralweißes (nw) Licht (3300 – 5300 K) erzeugt eine eher sachliche Stimmung und fördert die Konzentration sowie Lern- und Problemlösungsarbeiten.
  Tageslichtweißes (tw) Licht (> 5300 K) wirkt kühl, nüchtern und anregend, macht Räume größer und ist wichtig für die biologisch wirksame Beleuchtung (ebda).
  Um konzentriert arbeiten zu können, empfiehlt sich also eher kaltes, blaues Licht; für kreative Tätigkeiten hingegen ein wärmeres Licht, für persönliche Gespräche ein warmes Licht.
- **Lichtmenge und Beleuchtungsstärke, das beste Arbeitslicht**
  Die Lichtmenge (der Lichtstrom), die ein Beleuchtungskörper ausstrahlt, wird in Lumen gemessen, die Beleuchtungsstärke – das Maß für das auf eine Fläche (Tisch, Wand, Boden) auftretende Licht – in Lux. Die Luxstärke ist relevant dafür, wie hell wir das Licht empfinden. Die Beleuchtungsstärke hängt

aber nicht nur von der Lichtmenge ab, sondern auch von der Entfernung zum Beleuchtungskörper und dessen Abstrahlwinkel. Ein Spot braucht somit weniger stark zu sein, da das Licht auf eine kleine Fläche konzentriert ist. Je höher eine Leuchte angebracht ist, desto kühler und anonymer wirkt sie. Soll ein Raum heller erscheinen, müssen die Wände in Fensternähe hell gestrichen sein, um das einfallende Licht zu reflektieren. Die gleiche Wirkung lässt sich durch das Anstrahlen der Wand mit Leuchten erzielen. Regelmäßig in einem Deckenfries gesetzte Leuchten, die die Wand anstrahlen, machen den Raum weiter. Strahler hingegen schaffen Lichtinseln und sorgen für eine gezielte Lichtführung bzw. die Beleuchtung beispielsweise von Bildern.

Nicht nur die Farbe, sondern auch das angestrahlte Material ist bei der Beleuchtung ausschlaggebend. Strukturierte Flächen reflektieren das Licht weniger stark als glatte Flächen. So reflektiert ein Glastisch das Licht der darüber hängenden Pendelleuchte ungleich stärker als beispielsweise ein Holztisch. Fliesen, Glasflächen oder Spiegel sollten aus diesem Grund auch niemals direkt angestrahlt werden.

Im **Arbeitsbereich** bedarf es neben einer ausreichend hellen Grundbeleuchtung vor allem einer blend-, reflexions- und schattenfreien Ausleuchtung der Arbeitsflächen.

Je schwieriger die Sehaufgabe, desto höher muss die Beleuchtungsstärke sein. Benötigte Mindestbeleuchtungsstärken sind zum Zeichnen etwa 750 lx zum Schreiben und 500 lx für Bildschirmarbeit.

Zur Beleuchtung von Büroräumen werden drei Beleuchtungskonzepte angewandt:

- Die Raum-Beleuchtung sorgt für gleichmäßige Sehbedingungen im ganzen Raum, die Platzierung des Arbeitsbereiches bleibt damit flexibel.
- Die Beleuchtung des Arbeitsbereichs – z. B. durch Stehleuchten; optimalerweise mit Tageslichtsensor zur LED-Regulierung, entsprechend dem vorhandenen Tageslicht – erlaubt die individuelle Anpassung an den jeweiligen Nutzer.
- Auf Teilflächen bezogene Beleuchtung durch Tischlampen, lässt sich entsprechend der aktuellen Sehaufgabe anpassen (licht.de, 2021).

Leuchten sollten immer dreh- und schwenkbar sein. Um Licht-Reflexe und Schlagschatten der Hand auf die Arbeitsfläche bzw. auf den Bildschirm zu vermeiden, sollte das Licht immer nur von der Seite einstrahlen – bei Rechtshändern von links, bei Linkshändern von rechts.

Deckenleuchten werden optimalerweise parallel zum Fenster installiert, damit die Lichtrichtung dem Tageslicht-Lichteinfall entspricht. Werden Leuchtstoffröhren, die ja keine sonnenähnlichen Wellenlängen besitzen, eingesetzt, ist es ratsam, diese durch Lampen mit warmem Licht zu ergänzen (ebda).

8.2.2 Konzentration, Motivation & Regeneration durch die richtige Homeoffice-Atmosphäre

Zu Hause zu arbeiten, bietet viele Vorteile. Unter anderem, den Arbeitsbereich tatsächlich ganz nach den eigenen Vorstellungen einrichten zu können und ihm damit eine „persönliche Note" zu verleihen, was in herkömmlichen Bürosituationen nicht immer möglich bzw. gestattet ist. Das nach den individuellen (Wohlfühl)Vorstellungen gestaltete und hinsichtlich der Raumfaktoren regulierbare Homeoffice kann so zum Ort der Produktivität und des Rückzugs, der Privatheit gleichermaßen werden.

8.2.2.1 Raumfaktoren, das optimale Maß selbst bestimmen

Die Kontrolle und Regulationsmöglichkeit der physikalischen Raumfaktoren unterstützen das Kontrollbedürfnis, bewirken ein Gefühl der Selbstwirksamkeit und wirken Überlastungszuständen entgegen.

Gesundes Raumklima Nicht nur man selbst verbraucht beim Atmen frische Luft. Durch Rechner und Zusatzgeräte erhöht sich die Schadstoffkonzentration in der Luft, der Sauerstoffgehalt nimmt ab, man ermüdet rascher. Auch trockene Heizungsluft erhöht den Sauerstoffbedarf. Zur Förderung der Konzentration und Leistungsfähigkeit hilft mehrmals tägliches Lüften. Das Quantum der Frischluftzufuhr – sei es durch die Regulierungsmöglichkeit der Klimaanlage, durch Stoß-, Quer- oder auch Dauerlüften – sollte je nach individuellem Bedürfnis regulierbar sein. Auch die Luftfeuchtigkeit wird vor allem im Winter zum Wohlfühlfaktor. Als Richtwert werden eine relative Luftfeuchtigkeit von 50 % und eine Raumtemperatur von 20 Grad Celsius als das optimale Raumklima betrachtet …

Temperatur, individuell regulierbar Das Temperaturempfinden ist ein höchst individuelles. Da unpassende Temperatur im Raum die Konzentration beeinträchtigt, Unwohlsein bewirkt und die Fehleranfälligkeit fördert, liegt der Vorteil des Homeoffice eindeutig in der Kontrolle und Regulierungsmöglichkeit hinsichtlich der als angenehm empfundenen Raumtemperatur, ohne dabei auf Kollegen Rücksicht nehmen zu müssen.

Beleuchtung, optimiert für Arbeit- & Entspannung
Das Thema Licht wurde in Abschnitt. 8.2.1.4. bereits ausführlich behandelt. Zusammenfassend lässt sich festhalten: Tageslicht beeinflusst das Befinden positiv, Lichtstimmungen – von kühl, anregend und konzentrationsfördernd am Morgen bis warm und entspannend am Abend – entsprechen dem Biorhythmus des Menschen, sind ihm vertraut und unterstützen Konzentration sowie Entspannung und Regeneration je nach Tageszeit.

Zum Licht gehört auch die Option der Ver- bzw. Abdunkelung, um Blendwirkungen durch starke Sonneneinstrahlung bzw. damit einhergehend auch Überhitzung des Raums zu verhindern. Jalousien, Rollos oder semi-lichtdurchlässige Stores bieten hier vielfältige Möglichkeiten.

8.2.2.2 Lärm & Akustik, ein maßgeblicher Stressfaktor

Ob Lärm zu Stress im Arbeitsumfeld führt, hängt von der Frequenz – je höher, desto unangenehmer –, vom Schallpegel, also der Lautstärke, von der Dauer und Intensität bzw. von der Art des Geräusches ebenso ab wie von der Art der zu verrichtenden Tätigkeit, der eigenen Lärmempfindlichkeit und auch der Akzeptanz/Nichtakzeptanz der Lärmquelle ...

Die negativen Auswirkungen von Lärm auf Konzentration, Leistungsfähigkeit, Wohlbefinden und Gesundheit (erhöhter Cortisolspiegel, Schlafstörungen, Kopfschmerzen ...) hat der Abschnitt. 4.8.2.1. aufgezeigt.

Auch die Arbeit im Homeoffice ist nicht vor Beeinträchtigungen durch Lärm und schlechte Akustik gefeit. Beim Lärm wird unterschieden zwischen Störgeräusche von außen – beispielsweise von der Straße, von spielenden Kindern vor dem Haus oder auch schlecht schallisolierten Gebäuden mit z. B. mangelnder Trittschalldämmung. Lärm von innen entsteht im Familienalltag in der Wohnung durch Haushaltsgeräusche, Radio und Fernsehen, Telefonate, Gespräche ...

Mangelnde akustische Privatheit, wenn man beispielsweise nicht ungestört telefonieren kann oder gezwungen ist, die Gespräche anderer mitanzuhören, wirkt sich auf alle Beteiligten negativ aus. Der Mangel an akustischer Privatheit kann Crowdingefühle – Gefühle der Beengtheit – ebenso auslösen wie Unkonzentriertheit und Stress verursachen. Gemeinsam festgelegte Zeiten, quasi ein familieninterner Stundenplan für Spiel, Spaß und Familienleben bzw. für Zeiten störungsfreien Arbeitens, unterstützen einerseits die Produktivität wie Motivation des Arbeitenden und andererseits die Privatheit und Entspannung der Familienmitglieder. Wenn möglich, empfiehlt sich generell, für die Verrichtung konzentrierter Arbeit bestmöglich die Ruhezeiten in der Wohnung zu nutzen.

Um den Lärm von Fax und Drucker zu reduzieren, ist deren Unterbringung in einem separaten Raum/schallgedämmten Bereich ratsam. Menschen empfinden

40 dB bis etwa 65 dB als leise, normal und angenehm. Laut wird es für sie ab einer Lautstärke von etwa 80 dB, schmerzhaft ab ca. 120 bis 140 dB, was einem Düsenjet in 30 m Entfernung entspricht. Schon ab 85 dB kann das menschliche Gehör irreparablen Schaden nehmen (Hörex, 2021). Tätigkeiten, die einen hohen Konzentrationsgrad erfordern, funktionieren am besten bei einem Geräuschpegel von etwa 35 bis 45 dB.

Eine gute Akustik im Homeoffice wirkt sich positiv auf Konzentration, Fehlerminimierung und Kommunikation aus. Harte Oberflächen – beispielsweise von Beton- oder Glasflächen – haben den Nachteil von Nachhallzeiten, die sich auch als äußerst störend bei Telefon- und Videokonferenzen erweisen können. Abhilfe können Textilien, Pflanzen oder auch Absorberplatten und Akustikbilder schaffen, die den Schall dämmen. Generell gilt – je größer der Raum, desto mehr (Einrichtungs)Gegenstände sollten darin für eine bessere Akustik Platz finden.

8.2.2.3 Ordnung spart Energie

Der Schreibtisch, auf dem sich die Akten stapeln, die Ablage in der sich Rechnungen, Notizen und Adressen ein fröhliches Stelldichein liefern... Unordnung verbraucht unnötig Energien, benötigt Zeit, beeinträchtigt die Konzentration und kann zu Überforderung führen. Mangelnde Übersicht über das zu erledigende Arbeitspensum, ein nicht abschätzbarer Arbeitsaufwand, nie endenwollende Aktenberge belasten die Psyche nachhaltig – die Burnout-Gefahr steigt. Die Lösung liegt in klaren Strukturen, in einem effizienten Ordnungssystem mit guter Übersicht und ausreichend Stauraum, in Form von Rollschränken/-containern oder Regalen, die sich auch als Raumteiler eignen. Eine einheitliche Ordner-Farbe und der geordnete Schreibtisch unterstreichen die „aufgeräumte" Homeoffice-Atmosphäre.

8.2.2.4 Gestaltung, stilsicher zum individuellen Wohlgefühl

Scandi Style, Landhaustil, zeitlose Eleganz, Industrial Design, klassisch, vintage oder farbenfroh... Die Angebote der Möbelindustrie lassen allen Gestaltungswünschen nahezu grenzenlosen Freiraum. Den eigenen Stil zu finden und zu wissen, was es bedarf, um einerseits produktiv zu arbeiten und sich andererseits zu entspannen, ist die Basis der erfolgreichen Homeoffice-Gestaltung und die daraus resultierende emotionale Verbundenheit mit diesem Ort.

Produktives Arbeiten wie auch Lernen ist ein ganzheitlicher Prozess. Man muss dafür auch emotional bei der Sache sein. Im Zustand der „entspannten Wachheit" funktioniert dies am besten. Dazu braucht es vor allem eines: die richtigen Sinnesreize. Weder Reizüberflutung noch Mangel an Sinnesreizen bewirken diesen Zustand. Zu den räumlichen Wirkfaktoren, die eine „entspannte Wachheit" fördern, gehören die richtigen Farben, das richtige Licht und vor allem Naturelemente.

8.2.2.4.1 Farben und ihre Wirkung

Eng mit dem Thema Licht verbunden, ist die Farbe. Mittels unterschiedlicher Farbgestaltung lassen sich sehr gut eine individuelle Atmosphäre und zugleich Zonierung schaffen – eine der Möglichkeiten, den Arbeits- vom allgemeinen Wohn- bzw. Privatbereich optisch zu trennen.

Farben unterscheiden sich in ihrer Aussagekraft und ihrer individuellen Wirkung auf jeden einzelnen. Keine Farbe wird mit nur einer Charaktereigenschaft verbunden. Die Bandbreite an positiven wie möglichen negativen Assoziationen ist unter anderem abhängig von den unterschiedlichen Farbtönen. Rot, die Farbe des Feuers, beispielsweise strahlt Energie, Kraft und Schönheit aus, wirkt stimulierend, aktiviert das Gehirn, kann Blutdruck und Herzfrequenz steigern, symbolisiert aber auch Gefahr. Warme Farben wie Orange oder Gelb wirken ebenfalls aktivierend und vermitteln ein Gefühl der Behaglichkeit, können aber auch aufdringlich und billig wirken. Grau kann sich als edel oder auch langweilig erweisen; Grün als frisch und belebend oder beruhigend und ausgleichend...

Farbwirkungen hängen von der Farb-Helligkeit, -Sättigung und -Temperatur ab oder aber auch von der Anzahl der verwendeten Farben bzw. der Abstimmung der Farbtöne aufeinander. Für Antje Flade (2008) sind Farben einfache und vergleichsweise günstige Möglichkeiten, Umwelten einen individuellen Anstrich zu verleihen. Räume in helleren Farbtönen vermitteln einen freundlicheren, offeneren und geräumigeren Eindruck als solche in dunkleren Farben (Bell et al., 2001; Stone, 2001).

Warme Farben schaffen Nähe, kalte eher Distanz. Zarte Farben vermitteln den Eindruck von Empfindlichkeit. Einzelne Farben schaffen Ordnung und Übersicht. Ein klares Farbkonzept sorgt für die nötige optische Ruhe im Raum, wohingegen viele Farben unruhig und verwirrend wirken können. Gänzlich in hellweiß gehaltene Räume, die weit und kalt wirken, lösen aufgrund ihrer Monotonie – dem Mangel an sensorischen Reizen – Stress aus. Zudem ist Weiß stark reflektierend, was die Augen rasch ermüden lässt.

Da das menschliche Auge daran gewöhnt ist, Perspektive, also räumliche Tiefe, so wahrzunehmen, dass in der Ferne Farben heller und blasser erscheinen, in der Nähe dunkel und klar, lässt sich ein weiteres Wirkungsmerkmal von Farben erklären: ihre vorspringenden und zurückweichenden Eigenschaften. Warme Farben treten hervor, sind aktiv und verengen den Raum. Kühle Farben weichen dagegen zurück, sind passiv und erweitern den Raum. Die

Nah- und Fernwirkung der Farben lässt sich also zielgerichtet einsetzen, um Räume weiter oder enger erscheinen zu lassen, einzelne Wände, Decken oder Einrichtungsgegenstände zu betonen oder zu kaschieren.

Hohe Decken sollten ein bis zwei Farbtöne dunkler sein als die Wände, da der dunklere Farbton die Decke optisch herabsenkt und die Wände zurücktreten lässt. Umgekehrt ist es vorteilhaft, niedrige Decken sehr hell zu belassen.

Helle, glänzende Farben reflektieren viel Licht, dunkle Materialien mit grober, matter Oberfläche absorbieren, „verschlucken" das Licht.

Nicht alle Farben eignen sich gleichermaßen für das Homeoffice. Dazu einige Empfehlungen von David Oliver, Direktor der Paint & Paper Library in London:

Gelb: In seiner reinen Form als Primärfarbe, wirkt Zitronengelb fröhlich, anregend und optimistisch. Studien zufolge regt Gelb im intellektuellen wie expressiven Sinn die Kreativität an, fördert Gedächtnis, Urteilsvermögen und Entscheidungsfähigkeit – ideal für Arbeitszimmer, in die die Morgensonne fällt.

Ocker – in der Bandbreite von Milchkaffe bis zu Erdtönen – eignet sich aufgrund seiner weichen Ausstrahlung und der gleichen, wenn auch weniger intensiven Emotions- und Verhaltensreaktionen wie Gelb, ebenfalls hervorragend für Arbeitsräume.

Sand – als umfassende Kategorie, von den Farben feinen Sandes bis zu Grau, besitzt viele Vorzüge. Helles Braun oder Beige vermitteln Natürlichkeit, Stabilität und Schlichtheit. Grau hingegen lässt sich mit Eigenständigkeit, Würde und Eleganz assoziieren und vermittelt eine ruhige Atmosphäre, die sich nicht nur in modernen Interieurs gut macht.

Grün steht für die Natur und die Umwelt, für Gesundheit, Jugend und Lebenskraft. Helle Nuancen schaffen eine freundliche Atmosphäre, dunkle eine eher nüchterne, beruhigende. Gedämpftes Grün mit einem hohen Gelbanteil eignet sich – im Gegensatz zum reinen Weiß – optimal für Computerarbeitsplätze.

Blau gilt seit Jahrhunderten als spirituelle Farbe. Im Arbeitsbereich sorgt dezentes Blau für Entspannung und Gelassenheit, es senkt Blutdruck und Puls uns steigert die Produktivität (Oliver, 2008: 71 ff.).

„Heiße" Farben wie z. B. Rot sollten im Arbeitsraum-Kontext besser als Akzente – beispielsweise bei Dekorationsgegenständen – eingesetzt werden.

Warme Räume mit viel Sonneneinstrahlung wirken durch den Einsatz kühler Farben wie Blau oder Grün auch kühler. Kühle Räume durch warme, sanfte Töne – wärmer.

Bei der Farbwahl zu beachten ist auch die unterschiedliche Wirkung der Farben je nach Verwendung auf Decke, Boden oder an den Wänden...

8.2.2.4.2 Dekoration, weniger ist mehr

Effektiv arbeitet, wer sich in seiner Umgebung wohl fühlt. Die richtige – sparsam eingesetzte Dekoration – verleiht dem Arbeitsplatz eine persönliche Note und unterstützt die Motivation, ohne dabei abzulenken. Wichtig bei der Wahl der Dekorationsgegenstände ist, sich der Botschaften bewusst zu sein, die Bilder, Poster, Sinnsprüche, Pinnwände, Souvenirs und dergleichen mehr an das Unterbewusstsein senden. Bilder mit Naturmotiven wirken entspannend, da sie das Gefühl des „Weit weg-Seins" vermitteln und zudem „Überlebensressourcen" zeigen, was dem Bedürfnis nach Sicherheit entspricht. Am positivsten wirken Bilder von Blumen, Bäumen bzw. Baumgruppen, Aus- und Weitblicken sowie Wasser(landschaften). Wasser in Form eines Zimmerbrunnens oder auch eines Aquariums wirkt ebenfalls beruhigend und zugleich belebend auf die Sinne.

Keinesfalls fehlen sollten Pflanzen im Arbeitsbereich, die nicht nur dekorativ dem Auge guttun, sondern auch die Luft filtern und schalldämmend wirken können und damit maßgeblich zum Wohlgefühl am Arbeitsplatz beitragen. Generell besitzt die Natur, wie in Abschnitt 4.3.2. beschrieben, einen besonderen Stellenwert für den Menschen.

8.2.2.4.3 Natur und Naturelemente, die effektivste Regeneration

Das sensorische und das kognitive System sind untrennbar miteinander verbunden – Sinnesorgane, Nervensystem und Gehirn bilden ein Gesamtsystem. Da Natur das optimale Reizniveau besitzt, funktioniert das Gehirn besser, wenn man zwischendurch einen Blick in die Natur oder auf natürliche Elemente wie z. B. Zimmerpflanzen oder ansprechende Naturbilder wirft. Kein Mensch kann über Stunden hinweg gleich konzentriert arbeiten. Ganz automatisch macht man Micro-Pausen, in denen der Blick umherschweift und regenerative Motive sucht. Beim Blick aus einem Fenster in eine begrünte Umgebung tritt einer Studie (Lee et al., 2015) zufolge, bereits nach 40 Sekunden eine physiologische, messbare Stressreduktion ein. Ein produktiver Arbeitsplatz sollte daher auch möglichst am Fenster positioniert sein. Die Betrachtung der Natur stimuliert Gehirnregionen, die unter anderem für Kontemplation zuständig sind. Natur regt darüber hinaus zu bewusster, nicht zielgerichteter Wahrnehmung an und wirkt entspannend und anregend zugleich. Der Blick in die Natur ist aber nicht nur erholsam fürs Gehirn, sondern erhöht auch die Konzentrationsfähigkeit bzw. lässt diese nicht so schnell sinken und dämpft die Wirkung von Stressoren wie Lärm oder das Gefühl von Beengtheit. Alles, was wir als schön empfinden, wirkt tendenziell stressreduzierend, sei es der Blick auf sonnenbeschienene Flächen oder weite Landschaften. Fazit: Natur reduziert Anspannung, Gereiztheit und Stress, fördert neben der Konzentration auch Motivation, Kreativität wie Kommunikation und erhöht zudem das Sicherheitsempfinden.

Die Wirkung von Natur lässt sich in Abstufungen messen: Den größten Wirkungsgrad besitzt Natur beim direkten Kontakt, also dem Spaziergang durch Garten oder Park. Je größer die Vielfalt von Bäumen, Büschen, Rasen, Wegen, Hügeln – desto stärker die Wirkung.

Hat man keine Möglichkeit, ins Freie zu treten, ist der Ausblick auf Natur vor dem Fenster die zweitwirksamste Möglichkeit, sich auf „natürliche" Weise zu regenerieren. Zimmerpflanzen, sofern sie gut gepflegt sind, und andere natürliche Elemente im Raum können den Mangel an „Natur" ausgleichen und wirken sich – nach dem direkten Naturkontakt und -ausblick – auch regenerativ und positiv auf Geist und Seele aus. Ideal für das Homeoffice eignen sich beispielsweise Bergpalmen, Efeu, Drachenbäume oder ein Ficus Benjamin. Alternativ dazu lassen sich mittlerweile auch „grüne Wände mit Moosbepflanzung oder Mooselementen gestalten. Letztendlich verfehlt Natur auch als Fotomotiv oder Bildschirmschoner nicht ihre Wirkung. Je mehr man hier in die „Naturszene" eintauchen kann, desto regenerativer die Wirkung. Ideale Größe für Naturbilder ist die Fenstergröße von ca. 1,5 m^2. Untersuchungsergebnisse deuten darauf hin, dass Bilder von Gebäuden fürs Gehirn weitaus anstrengender zu verarbeiten sind, als etwa Bilder mit Naturmotiven (Horx-Strathern, 2019).

„Natur" stimuliert unser Gehirn nicht nur visuell. Natürliche Materialien wie Holz, Lehm, Kork, Moos oder Naturfasern wirken auf den Menschen ebenso anziehend, beruhigend und entspannend wie Düfte oder Geräusche aus der Natur, wie zum Beispiel Blätterrauschen oder Vogelgesang. So wie Lärm Stress erzeugen kann, so können natürliche Geräusche das Wohlbefinden unterstützen. Vor allem das Geräusch von Wasser hat eine Frequenz, der heilsame Wirkungen nachgesagt wird.

Der Geruch von Holz wiederum wirkt sogar dann noch wohltuend auf das autonome Nervensystem, wenn er nicht mehr bewusst wahrgenommen wird. Dazu ist es jedoch notwendig, das Harz des Holzes nicht zu binden bzw. es daran zu hindern, zu verdampfen. Holz sollte daher so natürlich wie möglich belassen werden, um seinen angenehmen Geruch verbreiten zu können (IWAP 2019).

8.2.2.4.4 Materialien und Formen beeinflussen das Wohlbefinden

Weiche und warme Materialien entsprechen dem menschlichen Bedürfnis nach Geborgenheit und Sicherheit. Intuitiv bewegt man sich auf einem Steinboden vorsichtiger als auf einem Holz- oder Textilboden, würde doch hier ein Sturz erheblich mehr schmerzen. Gerade in der modernen Architektur, in der großzügige Glasfronten und Beton vorherrschen, bilden weiche Materialien einen wohltuenden Kontrast. Auch die damit reduzierten Nachhallzeiten bieten, wie bereits erwähnt, einen weiteren Beitrag zur entspannt-produktiven Homeoffice-Atmosphäre. Gerade in jenen Bereichen des Arbeitsumfeldes, die Rückzug und Privatheit erlauben, ist die Entschärfung von Gefahrensignalen von Bedeutung. Spitze Kanten und Ecken, wie sie in der Natur nicht vorkommen, raue oder auch zu glatte Oberflächen versetzen den Körper ebenso in Alarmstimmung wie etwa schrille Töne. Ist doch unsere Wahrnehmung über fast die gesamte Menschheitsgeschichte darauf trainiert worden, Gefahrensignale möglichst frühzeitig zu erkennen, um sich rechtzeitig in Sicherheit bringen können und damit „geborgen" zu sein. Gefahrensignale in der Umgebung versetzen das Unterbewusstsein in „Alarmstimmung". Ein länger anhaltender Alarmzustand bewirkt wiederum Stress, der sich nachhaltig auf Wohlbefinden und Gesundheit auswirkt. Mehr zum Thema Geborgenheit und Behaglichkeit in Abschnitt. 5.2.7.

Zusammenfassend lässt sich aus wohn- und architekturpsychologischer Sicht festhalten, wie entscheidend die Erfüllung der allgemeinen menschlichen Wohnbedürfnisse für das produktive Arbeiten in den eigenen vier Wänden ist.

Gerade im Zusammenhang mit der Gefahr der Überlastung, schlimmstenfalls eines Burnouts, lassen sich schon mit kleinen räumlichen Veränderungen bzw. Adaptierungen große Wirkung erzielen und die Bewältigungskompetenzen fördern. Räume können zu einer Summe an Pflichten und Belastungen werden. Wichtig ist daher, die räumlichen Stressfaktoren aus individueller Sicht zu erkennen, die Wahrnehmungsqualitäten zu verbessern, Nähe und Distanz, Kommunikation und Privatheit zu regulieren und das Sicherheitsempfinden zu erhöhen bzw. das Bewusstsein der Selbstwirksamkeit zu stärken.

Anmerkung: Was aus wohn- und architekturpsychologischer Sicht für die Planung von Wohn- und Arbeitsräumen relevant ist, um diese zu produktiven wie entspannenden Lebens- und Arbeitswelten werden zu lassen, lässt sich auch auf Wohnanlagen, Betreuungs- und Gesundheitseinrichtungen, Bildungsbauten, öffentliche Plätze oder Parkanlagen anwenden.

Literatur

Altmann, I. (1975). *The environment and social behavior*. Brooks/Cole.
Anderson, L. M., Mulligan, B. E., Godman, L. S., & Regen, H. Z. (1983). Effects of sounds on preferences for outdoor settings. *Environment and Behaviour, 15,* 539–566.
Bär, P. K. (2008). *Architekturpsychologie. Psychosoziale Aspekte des Wohnens*. Psychosozial-Verlag.
Becker, P. (1991). Theoretische Grundlagen. In A. Abele & P. Becker (Hrsg.), *Wohlbefinden Theorie – Empirie – Diagnostik* (S. 13–49). Juventa Verlag.
Bell, P. A., Greene, T. C., Fisher, J. D., & Baum, A. (2019). *Environmental psychology*. Harcourt College Publishers.
Berlyne, D. E. (1971). *Aestetics and psychology*. Appelton-Century Crofts.
Bollnow, O. (1963a). Mensch und Raum. Stuttgart: Kohlhammer. *Universitas, 18,* 499–514.
Bollnow, O. F., et al. (2009). Das Wesen der Stimmungen (1941). In U. Boelhauve (Hrsg.), *Schriften* (Bd. I, S. 1–197). Königshausen Neumann.
Brown, B. B. (1987). Territoriality. In D. Stokols & I. Altman (Hrsg.), *Handboolof environment psychology* (S. 505–531). Wiley.
Buxbau, P.-A., Oberzaucher, E., & Wegerer, M. (2021). *GebäudeSoftskills. Bauen in menschlichen Dimensionen. Praxis, Wissenschaft*. IBO Verlag.
Chawla, L. (2002). Towards better cities for children and youth. In L. Chawla (Hrsg.), *Growing up in an urbanizing world* (S. 219–242). Earthscan Publications.
Cording, E. (2007). *Wohnen in der Dichte – bauliche Bedingungen der Privatheitsregulation im außenraum verdichteter Wohnformen*. Dissertation Universität Oldenburg.
Dekra/Forsa (2021). Arbeitssicherheitsreport 2021. https://www.dekra.de/media/dekra-arbeitssicherheitsreport-2021.pdf. Zugegriffen: 3. Nov. 2021.
Deinsberger-Deinsweger, H. (2007). *Die Psychologik von Wohnbaustrukturen: Die Beziehung Mensch-Wohnung-Umfeld und ihre systemischen Grundlagen*. BoD Verlag.
Deinsberger-Deinsweger, H. (2016). *Habitat für Menschen Lengerich*. Pabst Science Publishers.
Deinsberger-Deinsweger, H. (2017). Der menschengerechte Lebensraum in gebauten Umwelten – über die zentrale Aufgabe der modernen Wohnpsychologie. Auf: IWAP – Institut für Wohn- und Architekturpsychologie: Iwap. http://www.iwap.institute. Zugegriffen: 29. Nov. 2021.
Dieckmann, F., & Schuemer, R. (1998). Kommunikation zwischen den beteiligten Gruppen. In F. Dieckmann, A. Flade, R. Schuemer, G. Ströhlein, & R. Walden (Hrsg.), *Psychologie*

und gebaute Umwelt. Konzepte, Methoden, Anwendungsbeispiele (S. 27–43). Institut für Wohnen und Umwelt.

Dieckmann, F. (1998). Nutzerorientierte Programmentwicklung. In F. Dieckmann, A. Flade, R. Schuemer, G. Ströhlein, & R. Walden (Hrsg.), *Psychologie und gebaute Umwelt Konzepte, Methoden, Anwendungsbeispiele* (S. 117–143). Institut für Wohnen und Umwelt.

Diekmann, A. (2009). *Empirische Sozialforschung: Grundlagen, Methoden, Anwendungen.* Rowohlt-Taschenbuch.

Dogu, U., & Erkip, E. (2000). Spatial factors affecting wayfinding and orientation: A case study in a shopping mall. *Environment and Behaviour, 32,* 731–755.

Ellard, C. (2017). *Psychografie. Wie die Umgebung unser Verhalten und unsere Entscheidungen beeinflusst.* Deutschsprachige Ausgabe. Btb Verlag.

Evans, G., & Cohen, S. (1987). Environmental stress. In D. Stokols & I. Altman (Hrsg.), *Handbook of environmental psychology* (S. 571–619). Wiley.

Evans, G. W., & McCoy, J. M. (1998). When buildings don't work: The role of architecture in human health. *Journal of Environmental Psychology, 18,* 85–94.

Faber Taylor, A., Wiley, A., Kuo, F. E., & Sullivan, W. C. (1998). Growing up in the inner city. Green spaces as places to grow. *Environment and Behaviour, 30,* 3–27.

Fairley, J. (2018). Bauwissen. Wie Neuroarchitektur unser Wohnbefinden verbessert. In Houzz. http://www.houzz.de. Zugegriffen: 21. Febr. 2021.

Fiedler, K. (1997). *Alles über gesundes Wohnen. Wohnmedizin im Alltag.* C. H. Beck.

Fischer, M., & Stephan, E. (1996). Kontrolle und Kontrollverlust. In L. Kruse, C. F. Graumann, & E. D. Lantermann (Hrsg.), *Ökologische Psychologie. Ein Handbuch in Schlüsselbegriffen* (S. 166–175). Psychologie Verlags Union.

Flade, A. (1998). Evaluation eines innerstädtischen Schulhofs. In F. Dickmann, A. Flade, R. Schuemer, G. Ströhlein, & R. Walden (Hrsg.), *Psychologie und gebaute Umwelt. Konzepte, Methoden, Anwendungsbeispiele* (S. 243–247). Institut Wohnen und Umwelt.

Flade, A. (2006). *Wohnen psychologisch betrachtet.* Hans Huber.

Flade, A. (2008). *Architektur psychologisch betrachtet.* Hans Huber.

Flade, A. (2015). *Stadt und Gesellschaft im Fokus aktueller Stadtforschung: Konzepte-Herausforderungen-Perspektiven.* Springer Fachmedien Wiesbaden.

Flade, A. (2018). *Zurück zur Natur? Erkenntnisse und Konzepte der Naturpsychologie.* Springer.

Freud, S. (1930). *Das Unbehagen in der Kultur.* Internationaler Psychoanalytischer Verlag.

Gallup Institut. (2020). Wohnen in Zeiten von Corona (2020). Gallup Institut online. https://www.gallup.at/de/unternehmen/studien/2020. Zugegriffen: 29. Nov. 2021.

Gifford, R. (2002). Making a difference: Some ways environmental psychology has improved the world. In R. B. Bechtl & A. Churchman (Hrsg.), *Handbook of environmental psychology* (S. 332–334). Wiley.

Gifford, R. (2007). *Environmental psychology: Principales and practice.* Optimal Books.

Glatzer, W. (1992). Lebensqualität aus sozio-ökonomischer Sicht. In G. Seifert (Hrsg.), *Lebensqualität in unserer Zeit – Modebegriff oder neues Denken?* (S. 47–59). Vandenhoeck & Ruprecht.

Glatzer, W. (1996). Messung der Lebensqualität. In L. Kruse, C. Graumann, & E. Lantermann (Hrsg.), *Ökologische Psychologie. Ein Handbuch in Schlüsselbegriffen* (S. 240–244). Psychologie Verlags Union.

Literatur

Graumann, C. F. (1996). Aneignung. In L. Kruse, C. F. Graumann, & E. D. Lantermann (Hrsg.), *Ökologische Psychologie Ein Handbuch in Schlüsselbegriffen* (S. 124–130). Psychologie Verlags Union.

Greitemeyer, T. Fischer, P., & Frey, D. (2005). Stress. In D. Frey & C. Graf Hoyos (Hrsg.), *Psychologie in Gesellschaft, Kultur und Umwelt* (S. 181–186). Beltz.

Grutter, J. (2017). Raum und Mensch. *Phantasia, 5,* 70–83.

Hall, E. T. (1979). *Die Sprache des Raumes.* Schwann.

Hansely, H.-J., & Kaufmann, A. (2004). *Wiener Wohnstudien. Wohnzufriedenheit, Mobilitäts- und Freizeitverhalten.* Stadtentwicklung Wien.

Harloff, H. J., & Ritterfeld, U. (1993). Psychologie im Dienste von Wohnungs- und Siedlungsplanung. In J. Harloff (Hrsg.), *Psychologie des Wohnungs- und Siedlungsbaus. Psychologie im Dienste von Architektur und Stadtplanung* (S. 31–44). Verlag für Angewandte Psychologie.

Harloff, H. J., Hinding, B., Schmoll, R. M., & Weckwerth, H. (1993). Bedeutung von Übergangszonen und Zwischenbereichen für Wohnerleben und Wohnhandeln. In J. Harloff (Hrsg.), *Psychologie des Wohnungs- und Siedlungsbaus. Psychologie im Dienste von Architektur und Stadtplanung* (S. 149–173). Verlag für Angewandte Psychologie.

Hellbrück, J., & Fischer, M. (1999a). *Umweltpsychologie. Ein Lehrbuch.* Hofgrefe.

Hellpach, W. (1924). Psychologie der Umwelt. In E. Abderhalden (Hrsg.), *Handbuch der biologischen Arbeitsmethoden* (S. 109–112). Urban & Schwarzenburg.

Hidalgo, M. C., & Hernández, B. (2001). Place attachment: Conceptual and empirical questions. *Journal of Environmental Psychologie, 21,* 273–281.

Horx-Strathern, O., & Horx, M. (2018). Social Housing, Bezahlbares Wohnen, neu definiert. In Homereport 2019 (S. 68), *Neuroarchitektur; ein Ansatz zum kognitiven Bauen* (S. 87–93). Zukunftsinstitut GmbH.

Horx-Strathern, O., & Horx, M. (2019). Neuroarchitektur. Ein Ansatz zum kognitiven Bauen. In Homereport 2019 (S. 89). Zukunftsinstitut GmbH.

Horx-Strathern, O. (2021). *Hoffice, die Verschmelzung von Zuhause und Büro in Home Report 2021 (S 16).* Zukunftsinstitut GmbH.

human centric lighting, Grundlagen/Beleuchtungsqualität/Lichtfarbe. www.light.de. Zugegriffen: 2. Nov. 2021.

Huber, T. (ChefR.). (2013). *Zukunft des Wohnens. Die zentralen Trends bis 2025.* Zukunftsinstitut GmbH.

IWAP Schulungsinhalte „Wohn- und Architekturpsychologie". (2019–2020). www.iwap.eu. Zugegriffen: 4. Nov. 2021.

IWAP Kongressunterlagen „Räume und Burnout-Prävention" (2020), „Softskills der Arbeitsräume". (2021). www.iwap.eu. Zugegriffen: 4. Nov. 2021.

Lautstärke. www.ihrehoerexperten.de. Zugegriffen: 2. Nov. 2021.

Lee, K. E., Williams, K. J. H., Sargent, L. D., Willimas, N. S. G., & Johnson, K. A. (2015). 40-second green roof views sustain attention: The role of micro-breaks in attention restoration. *Journal of Environmental Psychology, 42,* 182–189.

Kahana, E., Lovegreen, L., Kahana, B., & Kahana, M. (2003). Person, environment, and person-environment fit as influences on residential statisfaction of elders. *Environment and Behavior, 35,* 434–453.

Kahn, L. (1981). Werkbundziele, Ordnung ist. In U. Conrads (Hrsg.), *Programme und Manifeste zur Architektur des 20. Jahrhunderts* (S. 162–170). o. A.

Kaminski, G. (1998). *Hoffnung und Skepsis in den Beziehungen zwischen Psychologen und Umweltgestaltern. Bericht Nr. 26.* Psychologisches Institut.
Kaplan, R., & Kaplan, S. (1989). *The experience of nature. A psychological perspective.* Cambridge University Press.
Keul, A. G. (1990). Architekturpsychologie aus der Nutzerperspektive – zwischen Berlyne und Boesch. In C. G. Allesch & E. Billmann-Mahecha (Hrsg.), *Perspektiven der Kulturpsychologie* (S. 115–124). Asanger.
Korczak, D. (1995). *Lebensqualität-Atlas. Umwelt, Kultur, Wohlstand, Versorgung, Sicherheit und Gesundheit in Deutschland.* Westdeutscher Verlag.
Krückeberg, L., Putz, W., & Willemeit, T. (2016). *Immobilienreport. Communicating architecture* (S. 87–89). Zukunftsinstitut GmbH.
Leicht-Eckardt, E. (Hrsg.). (2006). *Bewohnerorientierte Hauswirtschaft. Praktische Konzepte und ihre Umsetzung in der Altenhilfe.* Verlag Neuer Merkur.
Liessmann, P. (2009). *Schönheit.* UTB.
Linke, U. (2010). *Die Psychologie des Wohnens. Vom Glück, sich ein authentisches Zuhause zu schaffen.* Nymphenburger in der F.A. Herbig Verlagsbuchhandlung GmbH.
Maderthaner, R. (1998). Wohlbefinden, Lebensqualität und Umwelt. In I. Kryspin-Exner, B. Lueger-Schuster, & G. Weber (Hrsg.), *Klinische Psychologie und Gesundheitspsychologie – Postgraduelle Aus- und Weiterbildung* (S. 483–508). WUV.
Manzo, L. C. (2003). Beyond house and haven: Toward a revisioning of emotional relationship with Places. *Journal of Environmental Psychology, 23,* 47–61.
Maslow, A. H. (1954). *Motivation an personality.* Harper and Row.
Mayer, V. (2002). *Wohnpräferenzen von Jugendlichen in Wien. Ein Beitrag zur Kultur- und Sozialgeographie des Wohnens.* Verlag der österreichischen Akademie der Wissenschaften.
Mayring, P. (1991). *Psychologie des Glücks.* Kohlhammer.
Meier, O. (2019). ZukunftsInstitut de. http://www.zukunftsinstitut/onlineshop.de. Zugegriffen: 30. Jan. 2021.
Mietervereinigung online. (2018). Was bringt die neue Wiener Bauordnung? https://mietervereinigung.at/News. Zugegriffen: 29. Sept. 2021.
Miller, R. (1990). Hausformen. In L. Krus, C. Graumann, & D. Lantermann (Hrsg.), *Ökologische Psychologie. Ein Handbuch in Schlüsselbegriffen* (S. 493–499). Psychologie Verlags Union.
Miller, R. (1998). *Umweltpsychologie. Eine Einführung.* Verlag W. Kohlhammer.
Mück, W. (2019). *VKI 2020.* Verein für Konsumenteninformation, 92 ff.
N. N. (2018). Wohnungen werden immer kleiner. *Kleine Zeitung/Wohnen,* Ausgabe 14.12.2018, 62.
N. N. (2019). Zahl allein Wohnender nimmt zu. *Kleine Zeitung,* Ausgabe 5.4.2019, 14–15.
N. N. (2021). Wie die Wohnung, so der Mensch? *Psychologie Heute, 66,* 27–32.
Nasar, J. L. (1994). Urban design aesthetics. The evaluative qualities of building exteriors. *Environment and Behaviour, 26,* 377–401.
Neu, D. (2021). Neue Studie. Home Office: Boom mit Schattenseiten. www.zdf.de. Zugegriffen: 2. Nov. 2021.
Nothegger, B. (2019). Häuser sollen länger leben. *ImmoKurier,* Ausgabe 16.3. 2019, 12–14, 36, 52.

OECD. (1976). *Measuring social well-being. A progress report on the development of social indicators.*
Oliver, D. (2008). *Farbe und Raum, das Handbuch für effektvolle Farbwirkung.* Deutsche Verlagsgesellschaft.
Oswald, F. (1996). *Hier bin ich zu Hause. Zur Bedeutung des Wohnens. Eine empirische Studie mit gesunden und gehbehinderten Älteren.* S. Roderer.
Peponis, J., Zimring, C., & Choi, Y. K. (1990). Finding the building in wayfinding. *Environment and Behaviour, 22,* 555–590.
Perkins, D., Wandersman, A., Rich, R., & Taylor, R. (1993). The physical environment of street crime: Defensible space, territoriality and incivilities. *Journal of Environmental Psychology, 13,* 29–49.
Piperek, M. (1975). *Umweltpsychohygiene, Wohn- und Baupsychologie.* Jupiter.
Putschögl, M. (2018). Wohnbau befindet sich in Österreich auf Rekordniveau. Der STANDARD online 13.8.2018. https://derstandard.at . Zugegriffen: 3. Dez. 2018.
Redl, B. (2018). Wie groß muss eine Wohnung sein? Der STANDARD online 3.12.2018. https://derstandard.at . Zugegriffen: 16. Sept. 2021.
Reichl, H. (2014). *Humane Lebenswelten, Eine Psychologie des Wohnens und Planens.* o. A.
Rhode, S. (2018a). Zu Hause sein. Psychologie Heute, *45,* 19–25.
Rhode, S. (2018b). Wo die Seele zu Hause ist. Psychologie Heute, *66,* 15–18.
Ritterfeld, U. (1996). *Psychologie der Wohnästhetik: Wie es uns gefällt.* Psychologie Verlags Union.
Roth, G. (2003). *Fühlen, Denken, Handeln. Wie das Gehirn unser Verhalten steuert.* Suhrkamp Taschenbuch Verlag.
Russel, J. A., & Snodgrass, J. (1987). Emotion and environment. In D. Stokols & I. Altman (Hrsg.), *Handbook of environmental psychology* (Bd. 1, S. 245–280). Wiley.
Salomon, M. (ChefR.). (2019). Die 7 Visionen und Impressionen des Wohnens. *ImmoKurier,* Ausgabe 9.3.2019, 22-52.
Saum-Adlehoff, T. (2021). Ein Fleckchen Grün bitte! *PSYCHOLOGIE HEUTE, 66,* 49.
Saup, W. (1993). *Alter und Umwelt. Eine Einführung in die ökologische Gerontologie.* Kohlhammer.
Schönpflug, W. (1990). Umweltstress. In L. Kruse, C. F. Graumann, & E. D. Lantermann (Hrsg.), *Ökologische Psychologie. Ein Handbuch in Schlüsselbegriffen* (S. 176–180). Psychologie Verlags Union.
Schuemer, R. (1998). Nutzerorientierte Evaluation gebauter Umwelten. In F. Dieckmann, A. Flade, R. Schuemer, G. Ströhlein, & R. Walden (Hrsg.), *Psychologie und gebaute Umwelt. Konzept, Methoden, Anwendungsbeispiele* (S. 153–173). Institut Wohnen und Umwelt.
Schultz-Gambard, J. (1996). Persönlicher Raum. In L. Kruse, C. F. Graumann, & E. D. Lantermann (Hrsg.), *Ökologische Psychologie. Ein Handbuch in Schlüsselbegriffen* (S. 176–180). Psychologie Verlags Union.
Schumacher, J., Klaiberg, A., & Brähler, E. (2003). *Diagnostische Verfahren zu Lebensqualität und Wohlbefinden.* Hogrefe.
Seifert, G. (1992). Eröffnungsansprache des Präsidenten der Joachim Jungius-Gesellschaft der Wissenschaften Hamburg. In G. Seifert (Hrsg.), *Lebensqualität in unserer Zeit – Modebegriff oder neues Denken?* (S. 1–4). Vandenhoeck & Ruprecht.
Sommer, R. (1983). *Social design. Creating buildings with people in mind.* Englewood Cliffs. Prentice Hall.

Sommer, R. (2002). Personal space in a digital age. In R. B. Bechtl & A. Churchman (Hrsg.), *Handbook of environmental psychology* (S. 647–660). Wiley.

SORA. (2005). Wohnzufriedenheit und Wohnqualität in Wien. https://www.sora.at/filead min/downloads/projekte/2005_wohnqualitaet-in-wien_bericht.pdf. Zugegriffen: 16. Sept. 2021.

Spitzer, M. (2005). *Nervensachen*. Suhrkamp.

Stamps, A. E. (2007). Mystery of environment mystery: Effects of light, occlusion and depth of view. *Environment and Behaviour, 39*, 165–197.

Stokols, D. (1976). The experience of crowding in primary and secondary environments. *Environment and Behaviour, 8*, 49–86.

Rotraud, W. (1993). *Lebendiges Wohnen. Entwicklung psychologischer Leitlinien zur Wohnqualität*. Lang.

Westin, A. E. (1967). *Privacy and freedom*. Atheneum.

Westin, A. E. (2003). Social and political dimensions of privacy. *Journal of social Issues, 59*, 431–453.

Wiktorin, A. (2021). Wohnen nach Corona – Fünf Lehren aus dem Lockdown. Handelsblatt online (3.4.2021). https://www.handelsblatt.com/finanzen/immobilien. Zugegriffen: 29. Sept. 2021.

Wolf, M. (GF) (2019). Nimmt die Umwelt Einfluss auf die Gene im Gehirn? online Magazin Medizin Aspekte (02/2019). https://medizin-aspekte.de. Zugegriffen: 25. Febr. 2021.

Zukunftsinstitut GmbH. (Hrsg.). (2017). Warum wird die Küche künftig (noch immer) das neue Wohnzimmer sein.; Wie flexibel können und sollen unsere Wohnungen sein; Wie viele Quadratmeter braucht ein Mensch heute und morgen? In *50 Insights; Zukunft des Wohnens* (S. 26–27). Zukunftsinstitut GmbH.

The manufacturer's authorised representative in the EU is Springer Nature Customer Service Centre GmbH, Europaplatz 3, 69115 Heidelberg, Germany. If you have any concerns regarding our products, please contact ProductSafety@springernature.com

Printed and bound by CPI Group (UK) Ltd, Croydon, CR0 4YY
25/03/2026
02078173-0011